A Responsabilidade Sobre o Menor

A Família e o Estado diante das disposições do Estatuto da Criança e do Adolescente e do Novo Código Civil

Evelise Barbosa Peucci Alves

Advogada, mestre em direitos difusos e coletivos, especialista em direito constitucional, processo civil e tributário. Professora em cursos de graduação e pós-graduação.

A Responsabilidade Sobre o Menor

A Família e o Estado diante das disposições do Estatuto da Criança e do Adolescente e do Novo Código Civil

LTr® 75

EDITORA LTDA.

Rua Jaguaribe, 571
CEP 01224-001
São Paulo, SP — Brasil

Fone (11) 2167-1101

Produção Gráfica e Editoração Eletrônica: Estúdio DDR Comunicação Ltda.
Projeto de Capa: Fábio Giglio
Impressão: Bartira Gráfica e Editora
LTr 4403.8
Junho, 2011

Visite nosso site:
www.ltr.com.br

Dados Internacionais de Catalogação na Publicação (CIP)
(Câmara Brasileira do Livro, SP, Brasil)

Alves, Evelise Barbosa Peucci
A responsabilidade sobre o menor : a família e o Estado diante das disposições do Estatuto da Criança e do Adolescente e do Novo Código Civil / Evelise Barbosa Peucci Alves. – São Paulo: LTr, 2011.

Bibliografia.

ISBN 978-85-361-1768-3

1. Brasil - Constituição (1988) 2. Crianças e adolescentes - Direitos - Brasil 3. Direito civil - Legislação - Brasil 4. Direito de família - Brasil 5. Direitos fundamentais 6. Estatuto da Criança e do Adolescente 7. Responsabilidade civil do Estado I. Título.

11-04399 CDU-347.157.1(81)

Índices para catálogo sistemático:

1. Brasil: Crianças e adolescentes: Direitos assegurados pela família, pela sociedade e pelo Estado: Direito civil 347.157.1(81)

Esta obra é fruto da compreensão, do carinho e da dedicação de pessoas muito especiais, as quais merecem digna homenagem e sua menção no presente trabalho.

Aos meus pequenos filhos Enzo e Filippo, os amores mais intensos e puros, energizantes, preciosidades, fontes da minha inspiração para minha vida e meu trabalho, e ao meu marido Fabio Peucci, por tudo que significa na minha vida, pelo eterno amor e apoio incondicional para tudo, inclusive para a realização deste trabalho.

Primeiramente, agradeço a Deus a oportunidade de me proporcionar a realização deste trabalho, fruto de um mestrado que foi duramente almejado e alcançado.

Resta-me, ainda, citar algumas outras pessoas e agradecer-lhes, para as quais reservo um digno e merecido espaço para menção neste trabalho.

À minha mãe Lenita, meu padrasto Hamilton (*in memoriam*), minha irmã Aline; às minhas sobrinhas Giulia, Giovanna e Amanda, aos meus sogros Wania e Toninho, pessoas que, apesar da minha ausência quando da busca dos meus objetivos e sonhos profissionais, foram solidários e souberam me apoiar incondicionalmente.

Às minhas amigas Maria Aparecida Costa Moraes e Ivone Milani, que sempre me incentivaram e apoiaram, confortando-me com palavras de amizade e carinho.

Deixo ainda meus eternos agradecimentos aos mestres Luiz Antonio Rizzatto Nunes e Sergio Shimura, que me levaram a conhecer mais e melhor o Direito, e sem o qual este trabalho jamais seria possível.

Ao meu professor e amigo Marcelo Lamy, ilustre jurista e incentivador.

Não poderia, ainda, deixar agradecer aos meus amigos, alunos e professores, da UNIBAN, da UNISUZ, do Curso Êxito, do CETEA-Pro/CPC Marcato de Alphaville e da Universidade Anhanguera, todos esses que foram, para mim, fonte de inspiração, apoio e incentivo no meu projeto de vida.

SUMÁRIO

INTRODUÇÃO 13

Capítulo I. Fundamentos e princípios 15

1.1. Os valores e os princípios 15

1.2. Os princípios fundamentais 16

1.3. Os Princípios são absolutos na aplicação de normas do ECA? 17

1.4. A evolução histórica e legislativa das normas destinadas aos menores 18

Capítulo II. Instituição familiar na constituição de 1988 23

2.1. A família e o Estatuto 24

2.2. Os direitos e as garantias fundamentais assegurados constitucionalmente à família 25

2.3. A legislação sobre Direito de Família no Novo Código Civil e no ECA 29

2.4. Os direitos e as garantias assegurados às crianças e aos adolescentes num comparativo da Constituição, do Código Civil e do ECA 30

2.4.1. O princípio da dignidade da pessoa humana 32

2.5. O *status* de igualdade entre filhos 32

2.6. O Estado em conjunto com a Escola desenvolvendo seu dever Constitucional 33

Capítulo III. Fundamentos da família 37

3.1. O princípio da continuidade social 38

3.2. A proteção estatal da família consoante Constituição 39

3.2.1. A tutela deferida às crianças e aos adolescentes pelo Estado 39

3.3. Tipos de Família e os reflexos de sociabilização para os filhos 40

Capítulo IV. A família e sua responsabilidade sobre a criança e o adolescente 43

4.1. Obrigação familiar do cumprimento das normas do ECA 43

4.1.1. A criança e o princípio do direito de prioridade 44

4.1.2. A criança e o direito à proteção integral 44

4.1.3. O princípio da afetividade 46

4.1.4. Do direito de convivência familiar 49

4.1.3.1. A convivência em família substituta 50

4.1.3.1.1. Definição de família substituta 50

4.1.3.1.2. As famílias substitutas estrangeiras 51

4.1.3.1.3. Críticas às alterações do Novo Código Civil no tocante às famílias substitutas 53

4.1.5. Do direito assistencial: a tutela ao menor 54

4.1.5.1. Espécies de tutela 55
4.1.6. O Conselho Tutelar representando a sociedade na fiscalização dos atos do Estado e da família 61
4.1.1.1. Das decisões e dos encaminhamentos do Conselho Tutelar 62
4.1.1.2. Do funcionamento e das prerrogativas do Conselho Tutelar 63
4.1.1.3. Dos impedimentos aos conselheiros 64
4.1.1.4. O papel que deve desempenhar o Município 64

Capítulo V. Rompimento da família e a situação da criança e do adolescente 66
5.1. A situação jurídica do menor 66
5.1.1 A criança e o adolescente com pais separados: a responsabilidade relativa à guarda 67
5.1.2. A guarda compartilhada 69
5.1.3. O dever de prestar alimentos 71
5.1.4. Do direito da criança de manifestar-se quanto à regulamentação de visitas: da pesquisa social ao testemunho 74
5.1.4.1. A verdade real e o livre convencimento do magistrado 74
5.1.4.2. Da realização do estudo social 75
5.1.4.2.1. Da impugnação ao parecer apresentado pela equipe interprofissional 77
5.1.4.3. Da prova testemunhal dos menores 78

Capítulo VI. As famílias monoparentais e sua situação no contexto do menor 82
6.1. A possibilidade da paternidade socioafetiva 84
6.1.1. A súmula n. 301 do STJ e a socioafetividade 87
6.1.1.1. Da recusa em realizar o exame genético 87
6.1.1.2. A realidade afetiva de cada família 89
6.1.1.3. A realização do exame genético em instituições familiares já concretizadas 90
6.2. Legitimação e Reconhecimento de Filhos 91
6.2.1. A legitimação espontânea e o exame de DNA 92
6.2.2. O princípio da paternidade responsável 93

Capítulo VII. A família e o desempenho de seu papel diante da imposição das medidas protetivas constantes do estatuto 96
7.1. Tipos de Medidas tipificadas no Estatuto da Criança e do Adolescente 96
7.2. Medidas Específicas de Proteção, segundo o art. 101 do ECA 97
7.3. Medidas Socioeducativas, segundo o art. 112 do ECA 98
7.3.1. Tipos de medidas socioeducativas 99
7.3.2. O prazo de duração das medidas 102
7.4. As medidas pertinentes aos pais ou responsáveis 102
CONCLUSÃO 105
REFERÊNCIAS 109

Não deixe que a saudade
sufoque, que a rotina acomode,
que o medo impeça de tentar.

Desconfie do destino e
acredite em você.

Gaste mais horas realizando
que sonhando, fazendo que
planejando, vivendo que
esperando porque, embora quem
quase morre esteja vivo, quem
quase vive já morreu.

Luís Fernando Veríssimo

INTRODUÇÃO

Este trabalho se originou de um desafio que me foi proposto pelo professor Rizzatto Nunes, a fim de que fosse possível delinear os traços de responsabilidade que cercam os menores e os adolescentes.

Está direcionado à leitura de estudantes, operadores do direito, professores e a todos aqueles que pretendem lutar pelo futuro das crianças e dos adolescentes.

Poderia descrevê-lo como um desafio pessoal, pois estive diante do choque de opiniões entre o real, as minhas convicções e a legislação que trata do assunto.

Superei dificuldades e busquei levar em consideração os fundamentos necessários para ponderar acerca desta questão, postos que complexos, sempre em conflito com os valores e princípios agregados pela sociedade, pela família e pelo Estado no decorrer da formação dos jovens.

A grande questão que se levanta é apontar se há ou não solidariedade no asseguramento da execução e garantia dos direitos, ou se apenas estamos diante de tarefas isoladas que juntas cumpririam sua função.

Em se tratando do Brasil, o trabalho fica ainda mais temeroso, na medida em que as desigualdades sociais e os desequilíbrios familiares são constantes e facilmente encontrados.

Quando nos debruçamos sobre o estudo do Estatuto da Criança e do Adolescente, percebemos que as concepções valorativas foram inseridas no contexto legal como uma obrigação do Estado e da família, porém, dadas as inúmeras adversidades, torna-se difícil apontar quem é responsável por o quê, de quem exigir ou cobrar a execução dos direitos, dentre outras coisas.

A família como garantidora das integridades física e moral, a sociedade como adequação coletiva à convivência grupal, o Estado como propulsor da atualização de potencialidades.

E, ainda, se traz à baila questões relativas à afetividade, como princípio social, que faz com que muitos doutrinadores e juristas respeitem ainda mais os direitos fundamentais das crianças e dos adolescentes, quase num embate de solidariedade recíproca, deixando que não se prevaleça a perturbação sobre aqueles que devem e que podem ser amados por quem assim desejar.

Tratamos ainda da questão do estatuto matrimonial que, sociologicamente analisado, demonstra sua deformação no decorrer dos anos, o que influenciou na criação da família monoparental, apontando que o crescimento isolado do nubente pode ser considerado um impulso à realização individual, sem destruir o protótipo do jovem.

Não se trata de esgotar o assunto, mas de tentar iniciar um debate sobre esse tema ora imprescindível à análise das complexas consequências sociais às relações familiares, combinadas com as normas estabelecidas pelo Estatuto da Criança e do Adolescente e pelo Novo Código Civil.

CAPÍTULO I

FUNDAMENTOS E PRINCÍPIOS

1.1. Os valores e os princípios

Os valores e os princípios agregados pela sociedade devem ser levados em consideração no presente trabalho uma vez que se pretende tratar de um assunto muito polêmico, qual seja, das crianças e dos adolescentes e da responsabilidade que têm a Família e o Estado na sua formação.

O *valor* é algo que pode ser relativizado pelos sujeitos da sociedade, diferentemente do *princípio*[1] que, por ser *absoluto*, padece de total relevância e validade nas relações sociais.

Dessa forma, as influências históricas, sociais, dentre outras podem alterar os valores que cada um da sociedade adquire, diferentemente dos princípios, que não nos oferecem a possibilidade de variação, por serem *universais*.

Não é demais dizer que todo sistema jurídico tem seu embasamento nos princípios, e que estes se formam antes mesmo das normas escritas surtirem seus efeitos. Também é verdade que temos princípios gerais e específicos de cada ramo do Direito, o que deve ser visto com grande relevância, haja vista a importância de sua aplicação diante das garantias fundamentais da criança e do adolescente.

Tendo em vista que os princípios são, de certa forma, hierarquicamente superiores às normas jurídicas, é óbvio que estas se fundamentem naqueles, de modo a tornar excelência a interpretação feita.

Não se trata apenas de saber se agem as famílias ou o Estado em detrimento à lei, mas, sim, agir com eticidade jurídica, de modo a alcançar, com profundidade, o objetivo e o conteúdo de cada uma das normas que serão aqui estudadas, em especial, a responsabilidade sobre a formação das crianças e dos adolescentes.

Portanto, pode-se dizer que os princípios se encontram no ponto mais alto de qualquer sistema jurídico, de forma genérica e abstrata.

(1) "Os princípios são, dentre as formulações deônticas de todo o sistema ético-jurídico, os mais importantes a serem considerados, não só pelo aplicador do Direito, mas por todos aqueles que, de alguma forma, ao sistema jurídico se dirijam." (NUNES, Luiz Antonio Rizzatto. *O princípio da dignidade da pessoa humana*: doutrina e jurisprudência. São Paulo: Saraiva, 2002. p.19).

Todavia, como as normas jurídicas incidem no real e como devem respaldar-se nos princípios, acabam, por conseguinte, levando-nos à análise de fatos concretos. Por via inversa, na medida em que toda e qualquer norma jurídica deve respeitar os princípios, sua eficácia deve ser plena e aplicada *in totum*.

Assim sendo, no caso real, em que se verificar lacuna nas normas do sistema, devemos buscar nos *princípios* a medida cabível. E, em último caso, o aplicador do direito socorre-se à aplicação da analogia ou dos costumes.

No nosso ordenamento jurídico, a Carta Magna teve editadas suas regras a partir dos princípios determinados para embasar tais normas, estes extraídos do núcleo social com fundamento no pleno exercício da Democracia. Qualquer texto legal que viole esses princípios será objeto de repúdio legal.

Não podemos falar em sistema jurídico legítimo que não esteja fundado na garantia da intangibilidade da dignidade da pessoa humana. Se tal fato ocorrer, ou seja, se a norma permitir o abuso, tanto ela quanto o sistema jurídico serão tidos como inválidos e ilegítimos.

A interpretação de qualquer norma, em nosso sistema jurídico, deve partir do respaldo oferecido pela Constituição Federal, e com a observância das garantias e dos direitos fundamentais para, posteriormente, serem atribuídas análises paralelas aos demais dispositivos nela contidas e nas normas infraconstitucionais.

Citando Gomes Canotilho, Rizzatto Nunes(2) lembra as diferenças existentes entre princípios e normas, explicando que os princípios são mais abstratos em suas formulações, não se aplicam diretamente ao caso concreto, apontam valores e devem ser reconhecidos implicitamente no sistema jurídico. Por outro lado, as normas são menos gerais e mais precisas; aplicando-se diretamente ao caso concreto, reportam-se a determinado fato, visando a uma tipificação, e devem existir efetivamente para poder ter validade, vigência e eficácia.

Por existirem princípios mais importantes a serem aplicados em cada caso concreto, como o da *dignidade da pessoa humana* e o da *proporcionalidade*, estes terão maior preferência do intérprete da lei.

1.2. Os princípios fundamentais

No art. 1º da Carta Magna de 1988, deparamos com o enunciado dos fundamentos levantados pelo legislador constituinte originário para formação do Estado Democrático de Direito.

A soberania, a cidadania, a dignidade da pessoa humana – insculpidos no inciso III –, os valores sociais do trabalho e da livre iniciativa e o pluralismo político são aqueles destacados para a construção de uma sociedade livre, justa e solidária.

---

(2) *Idem*.

É evidente que se interligam logicamente aos princípios acima citados aqueles outros insculpidos nos arts. 5º, 226, 227, dentre outros, da mesma Lei, qual seja, o princípio da proteção de todas as espécies de famílias, igualdade entre os cônjuges, dissolubilidade do vínculo matrimonial, paternidade responsável, dever de assistência do Estado, igualdade entre os filhos, etc. Jamais poderíamos tratar de um sem citar o outro, e vice-versa.

A igualdade, princípio que confere o direito do exercício da democracia pela sociedade, fundamenta e inicia a presente análise associada à dignidade da pessoa humana. Por ser absoluta, não admitiria acordo ou interpretação maleável acerca de sua aplicação.

Não se trata simplesmente de dividir a sociedade entre aqueles que a exercitam ou não. Trata-se de buscar no tempo pregresso todas as atrocidades vividas pela sociedade, para entendermos que o que se pretende é colocar ética e juridicidade no cotidiano das pessoas.

Ter liberdade, assegurada da mesma forma a igualdade, as integridades física, psíquica e moral, significa muito para os adolescente e as crianças de hoje, que perdem seus valores ao serem cercados de tanta necessidade não suprida. É a segurança da aplicação dos princípios.

Os jovens veem suas famílias sendo destruídas pelo dinheiro, pelas separações ou pelas tragédias e desacreditam de tudo que poderia ser razoável e normal às suas criações, até porque, não muito longe de suas realidades, constatam outra bem diferente: famílias unidas, usufruindo a liberdade de seus direitos, em convivência sadia.

Não é demais ainda lembrarmos que todos nascemos dignos, não adquirimos dignidade. Apenas a reforçamos todos os dias. E, ainda, que todas as garantias constitucionais insculpidas no art. 5º, da Constituição Federal, acabam, por interpretação extensiva, decorrendo dela ou utilizando-a como um marco para o início de suas aplicações.

1.3. Os Princípios são absolutos na aplicação de normas do ECA?

Outro ponto de fundamental importância remete-nos ao estudo do contraponto aos direitos e garantias constitucionais, estes que têm por predileção a aplicação do direito àquele de quem, naquela ocasião, de fato, lhe pertence. Falamos aqui da *Relativização dos Direitos Fundamentais*.

O tema direitos e garantias fundamentais, ao ser estudado, deve sofrer uma cisão para a exata aferição do que será aplicado e de que forma.

Os **direitos** *são bens e vantagens prescritos nas normas constitucionais*, enquanto as **garantias** *são instrumentos através dos quais se assegura o exercício dos aludidos direitos (preventivamente) ou prontamente os repara, caso violados*[(3)].

(3) LENZA, Pedro. *Direito constitucional esquematizado*. 10. ed. rev. atual. e ampl. São Paulo: Método, 2006.

Dessa forma, podemos entender melhor a expressão "direitos e garantias fundamentais" quando asseguramos o direito à educação do menor e da criança, enquanto o Estatuto teve atribuído o ônus de regular as relações de quem tem a responsabilidade de efetivar e conduzir o menor ao exercício de seu direito.

Nessa seara, elevaremos a discussão para saber se há ou não a limitação aos princípios e às garantias fundamentais quando a família e o Estado são instados para assumir as responsabilidades que lhes foram outorgadas para aplicação e efetivação à criança e ao adolescente.

Uma das principais características dos direitos e das garantias fundamentais é a *limitabilidade*, ou, como alguns doutrinadores preferem denominar, a relatividade.

Essa característica atribui aos direitos e as garantias fundamentais a aplicação ponderada e sopesada, uma vez que, frente ao caso concreto, podemos estar diante do conflito de interesses de mais de uma pessoa.

Quando nessa situação encontrar-se o legislador, o magistrado ou o intérprete do Direito, é certo que apenas um deles deverá prevalecer, de modo que devem ser observados ao máximo os direitos fundamentais envolvidos, conjugando-os com a mínima restrição aos litigantes. Um princípio deve e pode ser aplicado quando não afrontar o direito de outro. Caso isso ocorra, certamente deveremos apontar aquele de quem mais próximo está o direito.

Exemplo típico disso se verifica nos casos em que um dos pais, ou até mesmo os dois, perdem o pátrio poder, culminando referida conduta na colocação do menor em família substituta.

Sabemos que os pais têm o direito de conviver próximos de seus filhos, bem como a esses também pertence esse direito. Porém, ainda que invoquemos a regra dos arts. 226 e 227 da Constituição Federal, devemos acrescentar que o direito à convivência familiar assegurada outrora aos menores deve ser aplicado e garantido de modo a oferecer-lhe a melhor criação. Se os pais não vêm contribuindo para tanto, o direito deles deverá ser limitado para que aos menores seja garantido.

É a busca da ponderação, insculpida nos símbolos da Justiça, que carrega a balança: o direito mais relevante e próximo do ideal acabará por estrangular o mais remoto.

1.4. A evolução histórica e legislativa das normas destinadas aos menores

À ocasião da elaboração do Código de Menores de 27, conhecido como Código Mello Matos, puderam-se observar os debates que o antecederam, envolvendo principalmente juristas, médicos, industriais, policiais e jornalistas em torno da questão da infância pobre, centralizando-se em temas relativos à delinquência, à universalização da escolarização, ao controle do Estado sobre as famílias e no tema do trabalho[4].

Essa lei inaugural dos direitos dos menores foi a primeira legislação específica a dispor sobre os menores e adolescentes, ainda que esse segundo sujeito não estivesse acentuadamente denominado no contexto social da época. Isso porque os adolescentes ocupavam uma determinada faixa da sociedade, concentrados em um setor específico, *identificado com gerador de delinquência, de marginalidade e abandono*[5].

No art. 26 desse Código (com alterações ocorridas com o advento da Lei n. 5.439), o legislador estabeleceu que o destinatário daquela norma não seria qualquer criança entre 0 e 18 anos, mas, sim, as crianças "expostas" (de até 7 anos de idade), "abandonadas" (todas as menores de 18 anos de idade), os "vadios" (como eram assim chamados os meninos de rua), dentre outros, mesmo que não classificados explicitamente.

O que pretendeu o Código era tornar outra a realidade, porém, em vão. Os efeitos sociais do processo de industrialização da época agravaram os problemas sociais. Suprimidas as vagas de trabalho, aqueles menores, certamente, iniciariam suas vidas nas beiradas da sociedade como delinquentes, senão pior.

Apenas quando deflagrada a violação das regras é que o menor passaria a ser objeto de atenção do Estado. Criaram-se institutos onde os menores ficariam internados.

A responsabilidade pela educação dos menores era de suas famílias, mas, se estas falhassem, ou se não pudessem sustentá-los material e emocionalmente, ou se era inviável afastar-lhes da marginalidade, aí sim, entraria o Estado, incumbido da responsabilidade e da obrigação de detectar os problemas psicológicos (dentre outros) para, daí, proceder à internação dos menores, tentando, depois de deflagrada sua conduta, proporcionar-lhe recuperação. O sistema falhou, mas seria mantido e ampliado para a criação da Fundação Estadual do Bem-Estar do Menor (FEBEM), cuja diretriz era a de que se prestasse atendimento à criança e ao adolescente, de modo a recuperá-los e devolvê-los à sociedade.

Por muito tempo assim foi. Até que, pouco mais de cinquenta anos depois, adveio o Código de Menores de 1979.

O Código de Menores foi inspirado na Declaração Universal dos Direitos das Crianças da ONU, de 1959, cujos principais direitos foram por meio dessa Lei assegurados, tais como: saúde, educação, segurança social.

---

(4) Cf. SEGUNDO, Rinaldo. Notas sobre o direito da criança. *Jus Navigandi*, Teresina, a. 7, n. 61, jan. 2003. Disponível em: <http://jus2.uol.com.br/doutrina/texto.asp?id=3626>.

(5) *Idem*, notas sobre o direito da criança.

Essa nova lei responsabilizava a família e o Estado, quase de forma solidária, pela proteção e pela assistência social do menor. Concomitantemente, deveria o Estado garantir proteção à família, a fim de que dela partissem os primeiros e essenciais cuidados para, apenas excepcionalmente, o menor ter de ser separado dos pais.

Não é demagogia afirmar que essa norma foi precursora no tocante ao estabelecimento dos direito das crianças, pelo menos no tocante à responsabilização do Estado e da sociedade.

Observe-se que o Código de 1979, no art. 2º, definiu jovens em situação irregular, e que seriam, então, objetos de interesse estatal, o "menor, de um ou outro sexo, abandonado ou delinquente, que tiver menos de 18 anos de idade, o qual será submetido pela autoridade competente às medidas de assistência e proteção contidas neste Código".

Nessa lei, a responsabilidade da família para com a criança era garantida juridicamente, de modo que essa instituição deveria lhe conferir o poder-dever de assegurar o bem-estar da criança.

Ficou faltando que a lei tratasse da hipossuficiência da família para o asseguramento dos direitos aos menores, diferentemente do Estatuto atual, que trata, mesmo que simploriamente, desse assunto.

Veja-se que o Código de Menores de 1979 exigia que a família da criança se comprometesse, ainda que inerte o Estado. Essa medida expunha os menores aos problemas sociais que, na grande maioria das vezes, não fora resolvido no núcleo familiar, tampouco em qualquer outro local ou nicho social.

Entre 1984 e 1986, foram organizados seminários, comissões estaduais e encontros nacionais, com o objetivo de formular soluções e de defender os direitos da infância e da juventude, além de denunciar toda a sorte de violências e arbítrios. A movimentação contou com a participação da OAB – Ordem dos Advogados do Brasil e da Comissão dos Direitos Humanos, fato de fundamental importância para o reconhecimento e a legitimidade da luta pelos direitos da criança.

Em 1988, a nova Constituição reconheceu, no art. 227, os direitos básicos e fundamentais das crianças e dos adolescentes. Isso estimulou ainda mais as diversas entidades e os movimentos a continuar a luta e a exigir direitos mais amplos sob a forma de lei.[6]

Diferentemente das cartas anteriores, a Constituição vigente passou a estabelecer e a determinar a quem pertence a responsabilidade pela criação dos menores, suas características e se ao Estado ou à família vai caber tal providência.

Como se apura da leitura do art. 227 da CF/1988, "é dever da família, da sociedade e do Estado assegurar à criança e ao adolescente, com absoluta

(6) Disponível em: <http://www.febem.sp.gov.br/index/eca.htm>.

prioridade, o direito à vida, à saúde, à alimentação, à educação, ao lazer, à profissionalização, à cultura à dignidade, ao respeito, à liberdade e à convivência comunitária, além de colocá-los a salvo de toda a forma de negligência, discriminação, exploração, violência, crueldade e opressão".

O objetivo da Lei Constitucional é o de proteger integralmente os menores, ao contrário do Código de 1979, cujo ponto de maior relevância e aplicabilidade era o de destacar e tratar apenas os jovens que estivessem em *situação irregular*, ou delinquência, como preferem denominar alguns doutrinadores.

E analisando, ainda que superficialmente, pode-se também apanhar a ideia de conferir aos menores todos os direitos fundamentais inerentes à pessoa humana, iniciando-se pela dignidade da pessoa humana, já que é princípio básico para o assentamento dos demais.

Em 1990, era promulgado o *Estatuto da Criança e do Adolescente* que, sancionado em 13 de julho, tornava-se a Lei n. 8.069, que passaria a ter vigência no país a partir de 12 de outubro do mesmo ano.

Nessa lei, ficaram estabelecidos, em grau quase absoluto, os princípios e direitos da criança e do adolescente. O Estado passou, então, a garantir "reais condições para que os direitos consagrados na Carta Magna pudessem ser concretizados"[(7)].

Passando os olhos no texto de Rinaldo Segundo[(8)], bem como em verificação ao que percebeu a professora Liliane Capilé em sua tese de mestrado[(9)], encontramos uma conclusão bastante satisfatória feita como análise à edição dessa lei, no sentido de considerar que os menores deixariam de ser objetos passíveis de tutela da família, do Estado e da sociedade, ou seja, estariam passando à condição de *sujeitos que possuem direitos*. Ser "sujeito de direito" implica possuir direitos e ter proteção da ordem jurídica, caso eles não sejam efetivados; ser objeto de direito implica, na situação de alguém, ter o direito sobre alguma coisa ou alguém.

Esse fato é que diferencia fundamentalmente o Estatuto do Código de 1979, criando-se a possibilidade de crianças e adolescentes terem acesso garantido aos seus direitos, meios de defesa e, principalmente, assegurada a sua dignidade. Nesse mesmo momento, esses menores receberam a garantia de que aqueles que violassem seus direitos seriam definitivamente responsabilizados, assim como, penalizados também se infringissem normas de conduta.

Estabeleceu-se, por fim, a finalidade tão almejada: assegurar os desenvolvimentos físico, mental, moral, espiritual e social dos menores, em condições de liberdade e dignidade.

---

(7) COSTA, Dionísio Leite da. Reflexões sobre o Estatuto da Criança e do Adolescente – ECA. Revista *Direito e paz*, São Paulo, n. 2, 2000.

(8) *Op. Cit.*

(9) A jurista discorre em sua dissertação sobre o Trabalho Infantil, a qual foi apresentada ao Departamento de Serviço Social da UFMT.

A grande questão que se levanta, e que é objeto de análise mais aprofundada no presente trabalho, deve-se ao fato de que todos esses direitos devem ser *solidariamente* assegurados pela família, pela sociedade em geral e pelo Estado.

A previsão que assegura tal conduta tem primazia absoluta e encontra-se no art. 4º da referida lei: "É dever da família, da comunidade, da sociedade em geral e do Poder Público assegurar, com absoluta prioridade, a efetivação dos direitos referentes à vida, à saúde, à alimentação, à educação, ao esporte, ao lazer, à profissionalização, à cultura, à dignidade, ao respeito, à liberdade e à convivência familiar e comunitária".

A primazia mencionada acima se refere à formalidade da prestação, ou seja, primeiro atende-se à infância e à juventude, depois aos demais. Deverão prevalecer os direitos dos menores sobre os demais e, entre os menores, sopesados os direitos, devendo o Estado, solidariamente à família, zelar pela aplicação, pela efetivação e pelo resguardo de eventuais violações.

CAPÍTULO II

INSTITUIÇÃO FAMILIAR NA CONSTITUIÇÃO DE 1988

Na época do Direito Romano, mais certamente na de Modestino, casamento foi definido como *nuptiae sunt coniunctio maris et feminae, comnsortium omnis vitar, divini et humani iuris communicatio*[1].

O casamento era analisado pela sociedade sob o ponto de vista religioso e da indissolúvel união. A Igreja era quem opunha regras para a vinculação dos nubentes, sem permitir que o Estado pudesse interferir.

Muito tempo após, já nas Institutas de Justiniano, o casamento passou a ser visto como *nuptiae autem sive matrimonium est viri et mulieres coniunctio individuam vitae consetudinem continens*[2].

A Constituição Federal de 1934, rígida e refletindo os ideais morais rígidos da época, dispôs em seu art. 144 que a família constituída pelo casamento era indissolúvel e protegida pelo Estado. Essa posição perdurou nas Cartas de 1937 (art. 124), 1946 (art. 163) e na de 1967 (art. 167, § 1º).

A intenção do legislador durante esse período foi a de manter a família fincada como centro da sociedade, sustentando a organização do Estado e equilibrando as relações sociais. Isso, na prática, acabava por culminar na proibição do casamento desfeito, sob pena da "exclusão daqueles da sociedade" como se um atentado à moral houvessem cometido.

Podemos crer ainda que o casamento interessava à sociedade, e não a seus integrantes, que estavam violentamente agarrados àqueles.

Os tempos mudaram e a Lei do Divórcio (n. 6.515), de 26 de dezembro de 1977, adveio para sacudir os propósitos morais enrijecidos.

A partir daí, o casamento passou a ser problema dos entes integrantes daquela sociedade familiar, e não mais só da sociedade que, no geral, ao receber em seus Tribunais ações desse cunho, exercem o papel de apurar se houve culpa ou não dos nubentes, fiscalizar o cumprimento da Lei, dentre outros.

A Constituição de 1988 reconhece ainda a família como base da sociedade, mas o faz de modo amplo, para valorar a realização da personalidade de seus indivíduos. Essa amplitude se justifica pela admissão da união estável e da família monoparental.

(1) Digesto, 23, II, fr.I.
(2) Livro I, t. IX, § 1º.

Nessa nova fase vivida pela *societatis*, pôde-se verificar a análise muito mais jurídica da relação e de seus efeitos, sem levar em consideração a perenidade e a religiosidade dos parceiros.

Nos dias atuais, dadas as modificações constantes dos costumes da sociedade, e consequentemente de seus valores, o casamento tornou-se um dos institutos mais relevantes no que toca a sua definição mutável ou não.

Que se trata de uma relação jurídica para o fim de promover a união de homem e mulher, isso já se sabe. Ocorre que, não parecem estar muito claras a todos as obrigações que decorrem dessa união, o que causa à sociedade, de um modo geral, incerteza, como veremos adiante.

Aqui não trataremos do matrimônio sobre a ótica da Teoria Contratualista, que apenas se refere à relação jurídica propriamente dita. Essa forma é, para a grande maioria de doutrinadores e juristas, fonte de obrigações.

Trataremos do matrimônio na mesma linha dos adeptos da Teoria Não Contratualista, segundo a qual o casamento é uma instituição social, resultando da sociedade conjugal indissolúvel, ou que, pelo menos, deveria ser.

2.1. A família e o Estatuto

O art. 25 da Lei n. 8.069/1990 resume família de forma pouco mais rigorosa do que exige a sociedade no seu trato diário. Não leva em consideração os parentes, mas, sim, eleva a formação dessa instituição pela existência dos pais e dos filhos.

Sob o prisma intrínseco, a família compreende qualquer dos ascendentes e seus filhos, escalonados em hierarquia naturalmente composta desde o Direito Romano, esta exercida pelo "pai" ou *pater familias*. Esse tópico sofre vários questionamentos sobre sua mantença no direito atual ou não e, apesar de ser majoritário pela doutrina, não o discutiremos por não ser objeto desta análise.

Essa rigorosidade tem uma explicação bastante plausível: o que se espera de uma família é que ela própria eduque e mantenha a subsistência de seus filhos. Essa sim é uma família natural, sociologicamente ideal. É verdade que a família substituta poderia fazer as vezes dos pais e irmãos do menor criança ou adolescente, mas nem sempre se faz da forma ideal ou esperada.

> O ambiente ideal para o desenvolvimento equilibrado da criança e do adolescente é o seio da família. Seja a família natural, consanguínea, seja, na falta dela, a família substituta, que é uma fórmula legal de manifesta nobreza, altruística, e eficaz para a formação doméstica da pessoa em faixa etária de desenvolvimento.

Família aqui considerada não apenas a família nuclear, pai/mãe/filho, constituída pelo casamento, mas também a entidade familiar, união permanente de um homem e uma mulher e sua prole, nos termos constitucionais (CF, art. 226, § 3º)[3].

2.2. Os direitos e as garantias fundamentais assegurados constitucionalmente à família

O art. 226 da CF/1988 dispõe sobre a proteção estatal da família, em especial a atenção que deve ser destinada às crianças e aos adolescentes.

Primordial, portanto, iniciarmos o assunto dispondo sobre as regras de regência das relações familiares, ponto de excelência dentre as inovações colacionadas na Lei Constitucional.

Primeiramente, veja-se que o art. 5º da Constituição igualou homens e mulheres, no que tange aos seus direitos, a seus deveres e às suas garantias. Da mesma forma, o art. 226 equiparou os direitos e deveres havidos em decorrência da sociedade conjugal. O tratamento desigual disposto no Código Civil revogado teve, à época, retirada sua vigência, o que se mostra de grande valia diante das relações sociais vividas atualmente.

Também deve ser levado em consideração que essa igualdade, *incontesti* disposta na Constituição, possibilitou o reconhecimento das relações vividas fora do casamento antes noticiado ao Cartório de Registros. Ou seja, passaram a ser considerados como válidos também os frutos das relações de concubinato (como os filhos) e a união estável, inclusive deles decorrendo direitos e deveres.

Dentre os aspectos lançados no art. 226, podemos destacar os seguintes pontos importantes a serem tratados:

(a) a sociedade conjugal, independentemente do regime de casamento em que vivem, deve ter exercitado os direitos e deveres de forma igualitária entre o homem e a mulher, assegurando o disposto no art. 5º, inciso I, da Carta Magna;

(b) a sociedade conjugal deve ser planejada, com fundamento no princípio da paternidade responsável (o qual trataremos posteriormente), respeitando e difundindo o princípio da dignidade da pessoa humana para todos os entes familiares.

E um contraponto interessante: o Estado tem por *obrigação* orientar a população sobre o planejamento familiar (§ 7º do art. 226 da CF/1988) e empreender meios para que se desenvolva essa medida.

---

(3) VIANNA, Guaraci de Campos. *Direito infantojuvenil*: teoria, prática e aspectos multidisciplinares. Rio de Janeiro: Freitas Bastos, 2004. p. 228.

Decorre da iniciativa do ente político tomar esse tipo de providência, uma vez que é o próprio quem administra os recursos para o bem-estar da criança e do adolescente na sociedade, como educação, saúde, lazer, dentre outros.

Debruçando sobre a análise da família, "o novo texto constitucional tem total aplicabilidade, considerando que a família seja célula da sociedade, derivando dela o casamento"[(4)].

Com a sociedade em número insuperável diante dos recursos do Estado (como atualmente está), é inviável prover as necessidades básicas das crianças e dos adolescentes. Como, então, garantir a execução fidedigna do princípio da dignidade da pessoa humana? E como garantir a existência sadia?

Os particulares, que antes da CF/1988 não tinham a objetiva obrigação em suprir as obrigações e deveres em conjunto com o Estado, agora têm e, portanto, podem ser compelidos a fazê-lo.

E não é verdade que acabam fazendo pelas silenciosas concessões autorizadas pelo próprio Estado. Assim agem porque, desde a promulgação do Estatuto da Criança e do Adolescente, as obrigações foram pactuadas quase de forma igualitária entre o Estado e a família.

O dever do Estado é o de garantir a aplicação do princípio da dignidade como direito protetivo da sociedade e como forma de assegurar a igualdade entre todos.

O direito à vida, à intimidade, à honra, à imagem, dentre outros, é consequência imediata da existência desse princípio, que tem suas valorações moral e espiritual manifestadas singularmente pelas pessoas da sociedade e da família, que esperam o asseguramento do mínimo invulnerável quando da execução de seus direitos e obrigações.

(c) filiação: todos os filhos, sejam eles havidos pela relação do casamento ou fruto de adoção, serão tratados de forma igualitária e terão assegurados seus direitos e obrigações (nome, moradia, educação, saúde, bem-estar, etc.). Àqueles que desconhecerem a identidade do pai poderão requerer exame de paternidade contra o suposto pai e terem sua filiação reconhecida.

(d) assistência mútua: complementando a concepção acima, essa regra consiste em prestar à criança e ao adolescente assistência para todas as suas necessidades, seja saúde, alimentação, educação, moradia, dentre outros.

O STJ, demonstrando a efetivação do cumprimento da proteção estatal que deve ser proclamada, reitera em seus acórdãos a preocupação em fazê-lo, senão, veja-se:

> (...) 5. Sob esse enfoque, assento o meu posicionamento na confinação ideológica e analógica com o que se concluiu no RE n. 248.889/SP para

(4) Cf. MORAES, Alexandre de. *Constituição do Brasil interpretada e legislação constitucional*. São Paulo: Atlas, 2002. p. 129.

externar que a Constituição Federal dispõe no art. 227 que: "*É dever da família*, da sociedade e do Estado assegurar à criança e ao adolescente, com absoluta prioridade, o direito à vida, à saúde, à alimentação, à educação, ao lazer, à profissionalização, à cultura, à dignidade, ao respeito, à liberdade e à convivência familiar e comunitária, além de colocá-los a salvo de toda forma de negligência, discriminação, exploração, violência, crueldade e opressão". Consequentemente a Carta Federal outorgou ao *Ministério Público a incumbência de promover a defesa dos interesses individuais indisponíveis*, podendo, para tanto, exercer outras atribuições previstas em lei, desde que compatível com sua finalidade institucional (CF, arts. 127 e 129). 6. O direito à educação, insculpido na Constituição Federal e no Estatuto da Criança e do Adolescente, é direito indisponível, em função do bem comum, maior a proteger, derivado da própria força impositiva dos preceitos de ordem pública que regulam a matéria. 7. Outrossim, a Lei n. 8.069/1990 no art. 7º, 200 e 201, consubstanciam a autorização legal a que se refere o art. 6.º do CPC, configurando a legalidade da legitimação extraordinária cognominada por Chiovenda como "substituição processual". (...) 9. O direito constitucional à creche extensivo aos menores de zero a seis anos. (...). Ressoa inconcebível que direitos consagrados em normas menores como Circulares, Portarias, Medidas Provisórias, Leis Ordinárias tenham eficácia imediata e os direitos consagrados constitucionalmente, inspirados nos mais altos valores éticos e morais da nação sejam relegados em segundo plano. Prometendo o Estado o direito à creche, cumpre adimpli-lo, porquanto a vontade política e constitucional, para utilizarmos a expressão de Konrad Hesse, foi no sentido da *erradicação da miséria intelectual que assola o país*. O direito à creche é consagrado em regra com normatividade mais do que suficiente, porquanto se define pelo dever, indicando o sujeito passivo, *in casu*, o Estado. 11. *Consagrado por um lado o dever do Estado, revela-se, pelo outro ângulo, o direito subjetivo da criança*. Consectariamente, em função do princípio da inafastabilidade da jurisdição consagrado constitucionalmente, a todo direito corresponde uma ação que o assegura, sendo certo que todas as crianças nas condições estipuladas pela lei encartam-se na esfera desse direito e podem exigi-lo em juízo. A homogeneidade e transindividualidade do direito em foco enseja a propositura da ação civil pública. 12. A determinação judicial desse dever pelo Estado, não encerra suposta ingerência do judiciário na esfera da administração. Deveras, não há discricionariedade do administrador frente aos direitos consagrados, quiçá constitucionalmente. Nesse campo a atividade é vinculada sem admissão de qualquer exegese que vise afastar a garantia pétrea. 13. Um país cujo preâmbulo constitucional promete a disseminação das desigualdades e a proteção à dignidade humana, alçadas ao mesmo patamar da defesa da Federação e da República, não pode relegar o direito à educação das crianças a um plano diverso daquele que o coloca, como uma das mais belas e justas garantias constitucionais. 14. *Afastada a tese descabida da discricionariedade, a única dúvida que se poderia suscitar resvalaria na natureza da norma ora sob enfoque, se programática ou definidora de direitos. Muito embora a matéria seja, somente nesse particular, constitucional, porém sem importância revela-se essa categorização, tendo em vista a explicitude do ECA, inequívoca se revela a normatividade suficiente à promessa constitucional, a ensejar a acionabilidade do direito consagrado no preceito educacional.* (...)(5) (grifo nosso).

Analisemos, então, quais são os itens que o legislador atribuiu como prioridades a serem asseguradas às crianças e aos adolescentes:

a) com absoluta prioridade, o direito à vida;

b) saúde;

c) alimentação;

d) educação;

e) lazer;

f) profissionalização;

g) cultura;

h) dignidade;

i) respeito;

j) liberdade;

k) convivência familiar e comunitárial, salvo de todo ato de negligência, discriminação, exploração, violência, crueldade e opressão.

Além desses direitos, outros lhes foram assegurados indiretamente, uma vez que acabam decorrendo de sua própria subsistência. São estes a saber:

a) licença-maternidade, em atendimento ao disposto no art. 7º, inciso XVIII,

b) prisão civil ao inadimplente de alimentos, em atendimento ao disposto no art. 5º, inciso LXVIII;

c) concubinato estável, em atendimento ao disposto no art. 226, § 1º, da CF;

d) salário mínimo mensal aos portadores de deficiência, em atendimento ao disposto no art. 203, V, da CF;

(5) REsp. 718203 / SP, Ministro Luiz Fux, 1ª T., data de julgamento 6.12.2005, publicação 13.02.2006. p. 694.

e) gratuidade do registro de nascimento, em atendimento ao disposto no art. 5º, inciso LXXVI, da CF;

f) obrigação dos pais de assistir, criar e educar os filhos, nos moldes do art. 229, da CF/1988;

g) salário-família, nos moldes do art. 7º, inciso X, da CF;

h) proteção do trabalho do adolescente, em atendimento ao disposto no art. 7º, inciso XXXIII, da CF;

i) isonomia de direitos entre os filhos, ainda que adotivos, de acordo com o art. 227, § 6º, da CF.

2.3. A legislação sobre Direito de Família no Novo Código Civil e no ECA

A família sempre foi, e pretendem os legisladores assim a manterem, o alicerce de todas as relações sociais. A preocupação paira na mantença da *coesão familiar*, de seus valores e cultura.

Por esses motivos é que o Estado dispensa, por meio de nossa legislação, um tratamento consentâneo à realidade social de hoje, na tentativa de adequar e reenquadrar as famílias a algo próximo do idealizado.

Seu enquadramento na legislação se faz tanto no aspecto do grupo familiar, assim como no patrimonial, em que se fundem os interesses de todos os membros.

Por ser um *direito personalíssimo*, é irrenunciável, inalienável e intransferível, sem que haja a possibilidade de que se administrem essas relações por intermédio de terceiros ou procuradores.

Nesse intuito, podemos considerar o direito de família um ramo particular do direito civil, sem que se possa exprimir vontade livremente, pois certamente há situações em que a lei apresentará norma cogente a ser atendida.

Nenhum fato ou nenhuma situação é presumível, pois as normas de direito de família já têm descrição de seus efeitos e suas consequências, raramente possibilitando a faculdade do exercício de um ato.

Essa preocupação e quase engessamento das regras familiares deve-se ao fato de que o Estado precisa, para seu desenvolvimento e sua organização, *da solidez do núcleo familiar*, não podendo entregar a sorte do Grupo a seus entes(6).

A sólida organização da família, a segurança das relações humanas, constitui a base ou o alicerce de toda a estrutura da sociedade e da preservação e fortalecimento do Estado(7).

(6) Cf. RUGGIERO, Roberto de. *Instituições de direito civil*. Tradução: Ari dos Santos. v.2, p. 16.

(7) DINIZ, Maria Helena. cit. RODRIGUES, Silvio. *Direito civil*: direito de família. São Paulo: Saraiva, 1980. v. 6, p. 8 e 261.

Por todo o acima estudado, podemos concluir que o Direito de Família é um ramo do Direito que dispõe sobre as normas de que regulam a celebração do casamento e de seus efeitos e suas consequências, bem como sobre as relações da sociedade conjugal, entre pais e filhos, e vínculo de parentesco.

No Novo Código Civil, o direito de família foi a parte que mais emendas recebeu (cerca de 400), quase todas assinadas pelo saudoso Senador Nelson Carneiro.

As mudanças foram substanciais na medida em que se instaurou a igualdade absoluta entre os cônjuges e entre os filhos. Outra profunda alteração se deu com a supressão do termo *pátrio poder*, agora designado *poder familiar*. A nova nomenclatura foi atribuída pelo, também saudoso, Professor Miguel Reale.

Mais adiante, destacam-se as normas sobre união estável, sobre a disciplina de regime de bens e seus herdeiros.

Diante do enfrentamento de apenas algumas questões relativas a esse ramo do direito no presente trabalho, importa-nos conhecer em especial as seguintes disposições:

a) as Relações de Parentesco encontram-se nos arts. 1.591 a 1.595;

b) a Filiação encontra-se nos arts. 1.596 a 1.617 (CF/1988, art. 227, § 5º);

c) a Adoção encontra-se nos arts. 1.618 a 1.629 (ECA, arts. 39 a 52; CF/1988, art. 227, § 5º);

d) Poder Familiar encontra-se nos arts. 1.630 a 1.638 (ECA, arts. 155 a 163);

e) os Alimentos encontram-se nos arts. 1.694 a 1.710 (Lei n. 5.478/1968);

f) a Guarda encontra-se nos arts. 33 a 35 da Lei n. 8.069/1990;

g) a Tutela encontra-se nos arts. 1.728 a 1.766 (ECA, arts. 36 a 38, 164/5); e,

h) a Curatela encontra-se nos arts. 1.767 a 1.783 (ECA, 142, parágrafo único).

Passemos, então, a analisar o que a Carta Magna reserva aos menores, em comparação e confrontamento com o Novo Código Civil e com o Estatuto da Criança e do Adolescente.

2.4. Os direitos e as garantias assegurados às crianças e aos adolescentes num comparativo da Constituição, do Código Civil e do ECA

A fim de analisar os direitos e as garantias assegurados constitucionalmente aos menores (crianças e adolescentes), deve-se socorrer à análise dos arts. 3º e seguintes do ECA.

Mas, antes disso, deve-se também esclarecer tópico importante, que diferencia esses jovens dos adultos, de maneira a insculpir uma linha imaginária entre duas realidades bastante diversas.

Para os fins legais, ou seja, para ser protegido pelas normas protetivas e preventivas estipuladas no Estatuto, segundo o art. 2º desse diploma, considerar-se-á *criança* a pessoa com até doze anos de idade incompletos, e *adolescente* aquela com idade entre doze e dezoito anos.

Sabe-se, então, que o legislador assegurou direitos e garantias a parcela especial da sociedade.

Já fora abordado anteriormente que a criança e o adolescente gozam de todos os direitos fundamentais inerentes à pessoa humana, sem prejuízo da proteção integral de que trata esta Lei.

Desses direitos, relacionados no art. 5º da Carta Magna, foram extraídos os essenciais para o apontamento na legislação infantil, sem que se afastasse a possibilidade da aplicação dos outros tantos lá especificados.

Alguns dos *primeiros direitos assegurados* são os desenvolvimentos físico, mental, moral, espiritual e social, em condições de liberdade e de dignidade.

Ora, se não estamos diante da necessidade básica de que um menor esteja vivendo e sendo educado no seio de sua família, esta que deve propiciar a ele todas as condições básicas e afetivas necessárias para que essas condições se verifiquem presentes.

Se o jovem estiver sendo criado dentro de perspectivas sociáveis, certamente, terá menor risco de acabar envolvendo-se em delitos ou situações em que sua honra possa ser atacada.

Num segundo momento, já no art. 4º do Estatuto, o legislador aponta os deveres da família, da sociedade em geral e do Estado, aplicando a eles a incumbência quase prioritária de aterem-se a essa categoria social, para fazer valer os direitos "à vida, à saúde, à alimentação, à educação, ao esporte, ao lazer, à profissionalização, à cultura, à dignidade, ao respeito, à liberdade, à convivência familiar e comunitária". Como também no art. 5º, "Nenhuma criança ou adolescente será objeto de qualquer forma de negligência, discriminação, exploração, violência, crueldade e opressão, punido na forma da lei qualquer atentado, por ação ou omissão, aos seus direitos fundamentais".

Todos esses direitos e essas garantias serão esmiuçados no decorrer do presente trabalho, mas há dois deles a que se deve atenção redobrada. Estamos fazendo referência à dignidade da pessoa humana e aos *abandonos moral e intelectual*.

2.4.1. O princípio da dignidade da pessoa humana

O princípio da dignidade da pessoa humana (art. 1º, III, da Constituição Federal) interliga, praticamente, todas as relações jurídicas familiares abstratamente descritas na Constituição, no Código Civil, no Estatuto da Criança e do Adolescente e na legislação esparsa.

Para muitos doutrinadores, como Immanuel Kant, a dignidade seria algo inestimável e indisponível[8], do qual o ser humano jamais poderia dispor. Em sua obra *Fundamentação da metafísica dos costumes*, menciona, inclusive, que a dignidade é tudo aquilo que não tem preço.

> *A dignidade humana é aquilo que é essencialmente comum a todas as pessoas, impondo-se um dever de respeito e intocabilidade, inclusive em face do Poder Público*[9].

Veja-se que, de todos os princípios e direitos fundamentais, a dignidade da pessoa humana sempre acaba sendo paradigma, de modo que o desrespeito de qualquer um daqueles, afronta esse, violando o sistema de normas e valores constitucionais.

A respeito da dignidade dos menores, o art. 227 da Constituição Federal, ainda que implicitamente, fez questão de assegurá-lo, de modo que se tornou não apenas um direito oponível contra o Estado, mas também contra a sociedade em geral e a família (essa em primeiro lugar), sendo certo que todos devem garantir sua efetividade.

2.5. O *status* de igualdade entre filhos

Excetuando-se a Carta de 1934 e 1937, que igualaram os direitos dos filhos legítimos e naturais, todas as Constituições subsequentes silenciaram-se quando à igualdade dos filhos.

Em 1941, adveio o Decreto n. 3.200/1941, dispondo que, no assento de nascimento, não era necessário mencionar se o filho era natural ou legitimado, ficando a encargo dos pais levar essa informação a termo ou não.

No ano seguinte, o Decreto-lei n. 4.737/1942 garantiu aos menores que, ainda com o "desquite" dos pais, poderia ser reconhecida sua filiação.

A Lei n. 883/1949, alterada em parte pela Lei n. 6.515/1977, permitiu o reconhecimento dos filhos fora do casamento, ainda que posteriormente à

---

(8) "No reino dos fins tudo tem ou um preço ou uma dignidade. Quando uma coisa tem um preço, pode-se pôr em vez dela qualquer outra como equivalente; mas quando uma coisa está cima de todo o preço, e portanto não permite equivalente, então tem ela dignidade." (Cf. *Fundamentação da metafísica dos costumes*. Tradução: Paulo Quintela. Lisboa: 70, 1986. p. 77)

(9) LÔBO, Paulo Luiz Netto. Princípio jurídico da afetividade na filiação. *Jus Navigandi*, Teresina, a. 4, n. 41, maio 2000. Disponível em: <http://jus2.uol.com.br/doutrina/texto.asp?id=527>.

separação judicial, porém, isso não se estendia aos filhos incestuosos. Nesse particular, entenda-se discriminação o que se pretendia com aquelas disposições.

Diante de ditames tão preconceituosos, em 1989, a Lei n. 7.841 revogou a disposição do Código Civil que proibia o reconhecimento dos filhos adulterinos e incestuosos, recobrando os valores de igualdade que deveriam ser atendidos e garantidos aos filhos.

Na verdade, o que se pretendeu, à época, foi ratificar o que dispõe a Constituição de 1988, que, no art. 226, § 6º, garante *status* de igualdade aos filhos, sejam esses havidos ou não por meio do casamento ou da adoção[10].

Mais recentemente, fortificando ainda mais essa ideia, foi promulgada a Lei n. 8.560/1992, que assegurou aos filhos o reconhecimento da filiação, mesmo tardia, a fim de não serem causados transtornos ou desigualdades aos menores.

Nesse diapasão, podemos crer que a Constituição de 1988 foi o diploma que equiparou os filhos desiguais pela natureza de sua concepção.

Isso, sem qualquer sombra de dúvidas, reforça a existência do princípio da dignidade da pessoa humana, que foi implementado de forma concreta nessa situação.

Ademais, poderíamos apontar pelo cumprimento do princípio da moralidade social, que garantiu que se aplicasse às crianças e aos adolescentes *in totum* segurança e estabilidade social. É o cumprimento da responsabilidade social, tema tão na moda nos dias atuais, de forma ímpar e sem exceções.

Isso pode ser exemplificado pelo compulsar do Código Civil de 2002 que, em seus arts. 1.597 e seguintes, assegura a presunção de paternidade aos filhos concebidos na constância do casamento, nos trezentos dias subsequentes à dissolução da sociedade conjugal, e que a mulher seja confessa com relação à sua infidelidade durante o matrimônio.

2.6. O Estado em conjunto com a Escola desenvolvendo seu dever Constitucional

Nenhuma criança ou adolescente vai hoje à escola com o intuito de adquirir apenas conhecimentos técnicos e científicos. E essa difícil tarefa de agregar vontade do menor em comparecer é, além dos pais, peça fundamental desse jogo, também dos professores.

Esse "agente social", como denomina Luiz Antonio Miguel Ferreira[11], "deve ser comprometido com a mudança da sociedade, deve ensinar estes conhecimentos

(10) OLIVEIRA, José Sebastião de. *Op. cit.*, p. 253.

(11) Promotor de Justiça do Ministério Público do Estado de São Paulo. Mestrando em educação pela UNESP/SP.

indispensáveis; não obstante, também precisa transmitir valores que possibilitarão a prática de ações virtuosas em seu benefício e da comunidade".[12]

A fim de fazer valer toda essa casuística, a Constituição Federal de 1988 normatizou a respeito do assunto, em especial referindo-se ao estabelecimento de regras sobre como o ensino deve ser conduzido no país.

Estabeleceu-se, então, o Plano Nacional de Educação, *que tem por finalidade* fixar as regras do ensino, em especial o *fundamental,* que inicia os traços da personalidade das crianças.

Dessa forma, atrelamos o casual com o novo, ou seja, as crianças têm de ser alfabetizadas sem que deixem nas ruas assuntos importantes como meio ambiente familiar, cultura, trabalho infantil, consumo, sexo, dentre outros.

O ambiente educacional deve mesclar a realidade ao ensino, fortalecendo os valores infantis.

A escola, juntamente com os pais, traça as primeiras lições morais, aplicando-as no dia a dia dos alunos, atreladas às regras para convivência em família e sociedade, estabelecimento de hierarquia entre os valores adotados, deixando que a consciência de cada uma das crianças escolha o menor caminho a seguir.

Volta-se a falar em valores, por ser assunto imprescindível à garantia da criação de juízo de respeito e cidadania. Essas duas ideias concatenadas acabam por fluir em ideias democráticas a serem estabelecidas pelos jovens como visão crítica de suas vidas, suas metas, seus sentimentos, seus interesses e suas experiências.

Remontando a Aristóteles, os professores tentam, em conjunto com os pais, a socialização das crianças para que a prática e a formação de hábitos virtuosos se inicie, dando já os primeiros passos em busca de seus valores.

Ulisses Araújo e Júlio Aquino apresentam um modelo que pode ser adotado para a concepção daquilo que visualizamos como fundamental quando apresentam um modelo de "transmissão dos valores", que ocorre por meio da convivência com pessoas que agem de maneira coerente com determinados valores morais, e que o exemplo é a melhor forma de se educar moralmente[13].

Podemos ainda verter nossa atenção à concepção aristotélica de ensino, que divide as virtudes em *morais* e *intelectuais.* As intelectuais na escola, e as morais, como coragem, temperança, mansidão, liberalidade, magnificência, magnanimidade, afabilidade, reserva e justiça, devem e podem ser ensinadas, mas é em casa, com suas famílias, que a maioria dos casos também aprenderam sobre valores e estabeleceram seus hábitos em sua família.

(12) Trecho extraído do texto: *Educação em valores e o estatuto da criança e do adolescente*, de Luiz Antonio Miguel Ferreira.

(13) ARAÚJO, Ulisses F.; AQUINO, Júlio Groppa. *Os direitos humanos na sala de aula.* São Paulo: Moderna, 2001. p. 14.

Na prática, poderá externar conduta que retrate seus valores, de modo que a sociedade será mais bem representada por jovens distantes da violência e do descaso familiar.

Diante de uma sociedade que vive em grave crise social, em que parcela considerável dos jovens ou foi vítima ou participou de sequestros, crimes de abuso sexual, delinquência infantil, maus-tratos, violação dos direitos humanos, a educação voltada como fonte de resgate dos valores sociais e éticos parece ser a melhor assertiva.

Influenciar os jovens a ir à escola, e estimulá-los em casa, no seio da família, a praticar atos éticos e morais, tornaria os valores mais aplicáveis no cotidiano, criando a real concepção de que é extremamente necessário ao bom desempenho e ao encaminhamento de suas vidas.

Os jovens, se educados dessa forma, poderiam desenvolver suas sensibilidades aos sentimentos de respeito e indignação.

Quando nos debruçamo ao estudo do Estatuto da Criança e do Adolescente, percebemos que essa concepção valorativa foi incluída como uma obrigação do Estado e da família. Sendo assim, o fez quando tratou do direito de educação e dos direitos fundamentais.

Diz assim o art. 53, inciso II, do ECA:

> A criança e o adolescente têm direito à educação, visando ao pleno desenvolvimento de sua pessoa, o preparo para o exercício da cidadania e a qualificação para o trabalho, assegurando-se-lhes: (...) II – o direito de ser respeitado por seus educadores.

Coisas simples, que nem se percebem ser uma afronta aos direitos desses jovens, são de tamanha importância para que se estabeleçam a cidadania e a dignidade humana. Privar uma criança de sua família, ou de ir à escola, de brincar, de ter assistência médica, são exemplos clássicos desse desrespeito.

Afirmar que as crianças e os adolescentes gozam de todos os direitos fundamentais inerentes à pessoa humana, é ratificar a busca dos valores que a escola e a família podem lhe oferecer de modo que nenhuma delas poderá ser objeto de qualquer forma de negligência, discriminação, exploração, violência, crueldade e opressão; não tolhir seus direitos de ir, vir e estar nos logradouros públicos e espaços comunitários, ressalvadas as restrições legais; opinar e expressar seus sentimentos; brincar, praticar esportes e divertir-se; participar da vida familiar e comunitária, sem discriminação; buscar refúgio, auxílio e orientação; dentre outras coisas.

Devemos ainda lembrar que a escola desenvolve papel fundamental no aprendizado das crianças e dos adolescentes quando lhe transfere valores morais e éticos. A medida é reforçar conceitos de suma importância, como é o caso da inviolabilidade das integridades física, psíquica e moral, incluindo a preservação da imagem, da identidade, da autonomia, dos valores, das ideias e crenças, dos espaços e dos objetos pessoais.

Considerando, então, que a *educação é responsável tanto quanto à família pela formação do cidadão*, devem-se contemplar no dia a dia as mesmas ações que envolvam a transmissão de valores.

Não deve ser posto de lado que a Constituição Federal ancorou os direitos fundamentais da cidadania e da dignidade da pessoa humana justamente objetivando que as crianças e os adolescentes pudessem participar de uma sociedade livre, justa e solidária, para o bem de todos, sem preconceitos ou discriminação (art. 3º, da CF/1988).

Recentemente, fortalecendo as ideias acima, foi editada a *Emenda Constitucional n. 53/2006* que, dentre outras coisas, atribuiu nova redação aos arts. 23, 30, 206, 208, 211 e 212 da Constituição Federal e ao art. 60 do Ato das Disposições Constitucionais Transitórias.

A partir do art. 30, a atribuição será a de manter cooperação técnica e financeira da União e do Estado nos programas de educação infantil e de ensino fundamental.

Serão, ainda, desenvolvidos projetos voltados à valorização dos profissionais da educação escolar, com a elaboração de planos de carreira àqueles que exclusivamente ingressarem na função por meio de concurso público. Ademais, o piso salarial profissional nacional para os profissionais da educação escolar pública deverá ser fixado mediante lei federal a ser ainda elaborada.

Isso demonstra a preocupação que se deve ter com a educação, posto que só assim teremos condições de ver os menores longe das ruas, pois, já alfabetizados, podem se considerar ganhadores de uma chance de vencer em suas vidas dignamente.

CAPÍTULO III

FUNDAMENTOS DA FAMÍLIA

A família desempenha papel fundamental na formação da ideologia dos membros da sociedade. Aquele modelo predeterminado e estereotipado de anos atrás deu lugar às novas estruturas, agora igualitárias, sem sacrificar o papel de cada membro, que continua desempenhando e harmonizando suas funções sem autoritarismo.

O diálogo e a afetividade estão em evidência, no mesmo passo da responsabilidade, fundada na dedicação recíproca de seus componentes.[1]

O desenvolvimento da família lança raízes nas condições fisiológicas de seus membros, demonstrando que jamais qualquer homem poderia viver em isolamento.

A mais importante constatação é a de que o desamparo e a imaturidade sejam supridos pela própria família, que deve proteger e educar as atuais e futuras gerações, para que se adaptem ao convívio harmonioso e regrado na sociedade.

Atualmente, esqueceram-se os membros da família de que *a integração é fundamental*, de modo que, quando estiverem diante de conflitos, devem impor-se entre escolher os interesses sociais e os do grupo familiar, sempre optando pelo último, para que não se enfraqueça a relação entre os entes da família.

De fato, a frustração é tamanha a todo elemento do grupo familiar que veja a sua convivência rompida ou abalada por indiferenças. Estas, por sua vez, decorrem de um modo geral da sociedade – que deixa de suprir as necessidades das crianças e dos adolescentes quando instada para tal, e da própria família, que acaba neutralizando seus sentimentos diante da impossibilidade de prover algo melhor.

A estrutura familiar é algo importantíssimo. Obrigatoriamente todos seus elementos devem desempenhar seus papéis de modo dominante, sem espelharem-se nos quadros passados, que apontavam por uma rigidez fria e sem qualquer precedente.

O Estado trabalha segundo a família e, toda vez que provocado para tal, deve atender às necessidades daqueles. Essa conduta espelha nos menores perspectiva de algo melhor às novas gerações, que não mais ficarão retidas aos fundamentos básicos da família, inicialmente preconizados por Santo Agostinho: *proles, fides* e *sacramentum*.

(1) Cf. BITTAR, Carlos Alberto. *Novos rumos do direito de família*. Op. cit., p. 24.

Os sentimentos de altruísmo de hoje estão sendo colocados em prática, já que observamos famílias conciliando propósitos e interesses, atenuando egoísmo e refreando caprichos, como bem nos ensina José Sebastião de Oliveira[(2)].

Desse comportamento, surge um princípio ainda pouco explorado pelos legisladores, e já presente em obras de doutrinadores contemporâneos, mas de suma importância à análise presente, o *princípio da continuidade social*.

3.1. O princípio da continuidade social

Esse princípio, que tem natureza social, preconiza que a socialização básica dos menores decorre do aprendizado que tiveram com seus pais, como a maneira de agir a determinadas situações diante da sociedade; já que os genitores integram à sua família os valores que aprenderam com seus pais. É a instauração da dignidade dentro da família.

Constitui uma sequência lógica de valores e costumes que são adotados pelas famílias e que precisam ficar evidentes aos filhos, para que os menores possam adotá-los, integrando-se à sociedade com equilíbrio emocional.

Se adotarem esses valores e os assimilarem dentro do grupo familiar, acabam estabilizando suas personalidades para a fase adulta. Exemplo dessa estabilização é vista quando o sujeito constitui sua própria família, dando início, portanto, à execução de tudo aquilo que observou e vivenciou quando criança.

Ensina-nos José Sebastião de Oliveira que "é de uma família alicerçada sob as fortes bases do diálogo e de mútua compreensão – numa palavra, sobre as bases da afetividade – que seus membros refletirão, em sociedade, um comportamento diretamente ligado à realidade do seu lar"[(3)].

Ferreira Pinto[(4)] ressalta que "é inconteste, na sociedade contemporânea, e bem assim em todas as épocas, a influência decisiva da família, que parece de fato como um grupo social fundamental ou primário, atuando profundamente sobre o comportamento humano pela atuação capital exercida na educação dos filhos e na perpetuação da herança cultural (sic)".

É por toda essa argumentação, e como justificativa de todos esses passos importantes da vida em sociedade, que a Constituição trata do assunto no art. 226, *caput*, dispondo que família é a base da sociedade, devendo ter total proteção do Estado.

Essa garantia assegura ainda mais a continuidade social, de modo a tranquilizar a sociedade no que diz respeito ao dever de prover e permitir a execução da dignidade da pessoa humana.

---

(2) OLIVEIRA, José Sebastião de. *Fundamentos constitucionais do direito de família*. São Paulo: RT, 2002. p. 267.
(3) *Idem*.
(4) FERREIRA, Pinto. *Comentários à Constituição brasileira*. São Paulo: Saraiva, 1989-1994. v. 7, p. 343.

3.2. A proteção estatal da família consoante Constituição

A atual Constituição Brasileira, diferentemente das anteriores, fixou os direitos e as garantias fundamentais em primeiro plano para, após, definir estruturas básicas do Estado, o que mostra ser a aplicação da ideia de que prevalecerá sempre a democracia e a igualdade de direitos para a sociedade. Ou seja, aos menores, em qualquer situação, se garantirá a dignidade para o pleno exercício da cidadania.

Na verdade, essa proteção especialmente destinada à família advém do dever de assistência social insculpido no art. 203, inciso I, da CF/1988.

Essa ideia decorre dos *valores* extraídos da Declaração Universal dos Direitos do Homem, que apresentou uma estrutura lógica de critérios morais e políticos a serem seguidos pela sociedade.

De acordo com o art. 16 da Declaração, a validade da Constituição fica sujeita à proteção dos direitos individuais, nesses incluídos os dos menores.

Não é demais recordar que todos esses direitos são inalienáveis, imprescritíveis, irrenunciáveis e impenhoráveis.

O Estado, jungido a prestar assistência aos indivíduos, viu-se cercado de deveres e obrigações. Nesse momento, surgiram as primeiras ideias de criar uma legislação específica para a família, em especial, às crianças e aos adolescentes, que viam seus direitos assegurados com apenas alguns artigos na Constituição, sem maior profundidade quando da aplicação ou execução de cada um desses direitos.

As famílias vinham disseminando na sociedade seus valores morais e éticos, conduta essa que acabou tornando-se fonte das normas que tratam dos menores e de suas famílias, a exemplo do Estatuto.

3.2.1. A tutela deferida às crianças e dos adolescentes pelo Estado

Como mencionado alhures, o legislador constituinte atribuiu como prioridades a serem asseguradas às crianças e aos adolescentes o direito à vida, à saúde, à alimentação, à educação, ao lazer, à profissionalização, à cultura, à dignidade, ao respeito, à liberdade, às convivências familiar e comunitária, e mantê-lo a salvo de todo ato de negligência, discriminação, exploração, violência, crueldade e opressão.

A Lei n. 8.069/1980, por sua vez, foi quase exaustiva ao tratar do assunto, conceituando e enumerando os direitos, os deveres e as sanções. O tema é simplesmente definido e concluído de modo a não pairarem dúvidas aos aplicadores do Direito da extensão de todo esse sistema protetivo. Ocorre, porém, que as fragilidades social e financeira do Estado e das famílias obrigam-nos a declinarem da execução de algumas obrigações, o que acaba sendo o fruto do que se pretendeu no presente trabalho: com ou sem condições, de quem é a responsabilidade pelo efetivo desenvolvimento do menor?

Sendo assim, é dever do Estado assegurar as prerrogativas que lhe foram determinadas, assim como cabe a ele fiscalizar e intervir quando necessário para o cumprimento destas.

Às famílias o desempenho do papel de arrimo, cercando-os dos cuidados e desafios que cada dia surgem em suas vidas.

3.3. Tipos de Família e os reflexos de sociabilização para os filhos

Primeiramente, deve-se ater à análise do casamento, que pode ser formalizado sob quatro aspectos, a saber: religioso, civil, concubinato e união estável.

A classificação acima, *data maxima venia*, é tema que causa medrança entre juristas e doutrinadores, mas é enfrentada com muito rigor e entusiasmo entre aqueles que acreditam na instituição sob qualquer rigor e forma.

O *casamento religioso* é um sacramento e também considerado um contrato natural formalizado entre os nubentes. Sua formalização decorre da natureza humana, já que na sociedade se pressupõe que ninguém fica sozinho. Juridicamente, apenas refletem seus efeitos para as posteriores declarações de união estável.

O *casamento civil* surgiu na época Republicana do Brasil, com a publicação do Decreto n. 181, de 24 de janeiro de 1890. A edição dessa norma formalizou a meação entre Estado e Igreja, consolidando o comportamento que vinha adotando-se, ainda que sorrateiramente, à época.

Alguns anos depois, com as novas concepções da sociedade, foi abolido o princípio constitucional da indissolubilidade do casamento, sendo publicada a Lei n. 6.515/1977, que regulamentou o Divórcio.

Nesse tipo de casamento, é nítida a relação obrigacional que se forma, de modo a tornar obrigatória que toda e qualquer alteração no estado dos entes familiares seja submetida à apreciação do Estado por meio de processo judicial. Novamente, repetimos que é o Estado tutelando os interesses relativos à família.

Mas desde o casamento instituído pelo Direito Canônico, até as relações mais juridicizadas, temos o casamento como forma de organizar a família, objetivando, em especial na nossa análise, a procriação e a manutenção dos filhos. Esse é um dos pouquíssimos interesses que perdura até o fim da vida, mesmo que as partes venham a divorciar-se. Os filhos e sua mantença são para sempre.

O *concubinato*, instituto mais recentemente inserido na legislação, é forma anormal de criação de uma família, tendo necessariamente de haver um deles em situação irregular, ou seja, que nao lhe permita contrair núpcias. Um dos consortes tem de possuir qualquer tipo de impedimento legal que o impeça de oficializar ou tornar legal sua relação jurídica familiar. É verdade também que essa forma de casamento vem sendo reconhecida pelos Tribunais como relação familiar, tendo sido inicialmente admitida pela jurisprudência e, após, regulamentada pela Súmula n. 380, do STF, e agora inserta na nova lei civil, no art. 1.727.

Por fim, a *união estável*, regulamentada no art. 1.723 da Lei Civil, reconhece a constituição de uma família quando homem e mulher convivem publicamente, em reunião duradoura, contínua, sem que para isso a tivessem formalizado perante o Registro Civil.

Essas duas últimas formas de casamento não afastam a responsabilidade do exercício simultâneo que deve ser pactuado pelos pais, que executam o pátrio--poder-dever, independentemente do estado civil que tenham.

Evidente que, para nosso estudo e com fundamento na legislação civil vigente, essa forma de relação com fins jurídicos deve ter propriamente o estabelecimento de formação de família, com a constituição de prole. E, por isso mesmo, deve ser assumida igualmente a responsabilidade para formação de cada uma delas seja pela família, seja pelo Estado.

Não parece haver nessa forma de casamento qualquer mácula social, até porque, pressupõe-se que os nubentes, por serem *desimpedidos* e afeiçoados à ideia de constituição, apenas possuem a intenção de criarem sua prole sem a prática dos atos legais de registro de suas uniões.

Tendo conhecido os regimes de casamento, de suma importância para os reflexos sociais que constituem a base de família às crianças e aos adolescentes, devemos conduzir nossa análise não à definição do casamento como instituição, mas, sim, sob o *ponto de vista sociológico*.

E sob esse ponto de vista, é verdade que todos os tipos descritos acima têm em comum uma característica essencial a ser analisada em nosso trabalho: *a criação dos filhos, sua mantença e sociabilização*.

O que se pretende com a formação de uma família dentro dos parâmetros oferecidos pelo casamento civil, é o que se espera também da união religiosa ou estável, qual seja: a integração psicofísica dos nubentes para a criação e o amparo de seus filhos. É, na verdade, um *sentido ético-moral*[(5)] inserido no casamento e almejado pela sociedade.

O concubinato, neste aspecto, deixa a desejar, uma vez que podemos estar diante de diversas situações complexas, que causam certa confusão ao menor que indagará a si mesmo sobre que *valor* deverá adotar para prosseguir. Um dos impedimentos mais comuns para a formalização do casamento e, consequentemente, de uma família, deve-se ao fato de um dos pais ainda ter contrato de casamento com outra pessoa, não tendo regularizado sua situação civil e, consequentemente, social.

(5) VENOSA, Silvio de Salvo. *Direito civil*: direito de família. 5. ed. São Paulo: Atlas, 2005. p. 45.

Voltamos ao tópico *valor* mais uma vez, já que a concepção dos menores sobre a vida e a sociedade baseia-se nisso. Não se trata se preconceito, mas, sim, das estabilidades emocional e psíquica que devem ser praticadas e que, dentre outras coisas, são necessárias à formação do caráter das crianças e dos adolescentes.

Exemplo muito bem colocado foi explicado pelo professor Venosa[6], que nos ensina que o casamento estabelece vínculo jurídico capaz de proporcionar, de forma *piegas*, a mera regularização das relações sexuais. Se capaz disso, possível ainda que transfira conceitos de sociabilização ética e moral aos valores dos menores em formação.

E, ainda, importante recordar Alfonso López Quintás, em uma de suas obras[7], ensina-nos que "o amor verdadeiro surge sempre numa inter-relação pessoal". E ainda acrescenta que "procede de uma atitude de generosidade, e fomenta o espírito de generosidade. A atitude de generosidade, porém, é muito exigente. Poderíamos dizer que amar verdadeira e generosamente é uma arte que devemos aprender. Precisamos formar para o amor".

(6) Cf. VENOSA, Silvio de Salvo. *Op. cit.*, p. 47.

(7) QUINTÁS, Alfonso López. *Descobrir a grandeza da vida.* Introdução à pedagogia do encontro. Tradução: Gabriel Perissé. São Paulo: ESDC, 2005. p. 47.

CAPÍTULO IV

A FAMÍLIA E SUA RESPONSABILIDADE SOBRE A CRIANÇA E O ADOLESCENTE

Ainda que sabedores de que o Estado tem igual responsabilidade sobre o menor, assim como tem a família, direcionaremos nossas atenções às obrigações da família para o atendimento das necessidades dos menores.

4.1. Obrigação familiar do cumprimento das normas do ECA

Como não poderia deixar de ser, o Estatuto procurou não destoar da Constituição no tocante à proteção e aos cuidados que devem ser destinados aos menores.

A maior prova disso verificamos ao analisar o art. 4º do Estatuto, que dispõe que à família caberá, em conjunto com a sociedade, o Poder Público "assegurar, com absoluta prioridade, a efetivação dos direitos referentes à vida, à saúde, à alimentação, à educação, ao esporte, ao lazer, à profissionalização, à cultura, à dignidade, ao respeito, à liberdade e à convivência familiar e comunitária".

Veja-se que, em todo e qualquer tópico dos artigos analisados no decorrer do presente trabalho, jamais se encontrará garantia de proteção isolada como um dever ímpar da família.

Mas, se dela não decorrer essa iniciativa, ao menos num primeiro momento, como assegurar que não estará havendo o descumprimento da norma constitucional?

Esse trabalho de fiscalizar o cumprimento e a aplicação das normas estatuárias e constitucionais, por muito tempo, foi apenas de alguns membros da família e, raramente, a sociedade o fazia.

O ponto crucial é que, na grande maioria dos casos, a raiz de toda a problemática é a própria família, que nem sempre está fortalecida, nem calcada em bases sólidas, sejam elas financeiras ou morais, e, por vezes, privadas das mais variadas formas de assistência, o que reputa como inconstitucional, indigno e combatível nosso legislador constituinte.

Atualmente, já se tem algo muito mais amplo, como é o caso da criação de órgãos, governamentais ou de iniciativa de sociedade, que tentam minimizar esse grande descompasso entre a realidade e o almejado pelo legislador. Mas esse trabalho, na grande maioria das vezes, agrega os menores e suas famílias, com o intuito de vê-los formados.

A criação desses órgãos, como se verá adiante, surgiu diante da possibilidade outorgada pela própria lei estatutária, que autorizou, em suas alíneas constantes do parágrafo único do art. 4º, a regulamentação e a instauração de precedência de atendimento nos serviços públicos ou de relevância pública; preferência na formulação e na execução das políticas sociais públicas; e destinação privilegiada de recursos públicos nas áreas relacionadas com a proteção à infância e à juventude.

Outra grande estratégia no combate da exclusão social do menor e, talvez, a chave do desembaraço de grande parte dos problemas e das crises sociais foi a idealização e a criação do Conselho Tutelar, encarregado de zelar pelo asseguramento dos direitos das crianças e dos adolescentes, seja pela efetivação da moral, seja pela garantia dos cuidados necessários aos menores.

4.1.1. A criança e o princípio do direito de prioridade

Esse princípio é, sem qualquer dúvida, um dos principais tópicos a ser estudado quando o assunto é direito e garantia do menor.

Aos menores, dentro da escala hierárquica jurídica, os direitos ganham relevância e primazia, posto que se sobreporão aos demais, dada a sua importância.

E isso pode ser facilmente explicado pela rapidez como as coisas e os fatos mudam dentro da vida dos jovens. Pequenas rupturas, perdas e fracassos podem culminar em suas degradações moral e social. Se essas circunstâncias ocorrerem amparadas por uma situação familiar agradável e regularmente sólida, certamente refletirá como experiência na vida dos pequenos. Ao contrário, se paralelamente suas condições fundamentais estiverem ausentes, certamente lhe faltará finco e estrutura para suportar os tropeços do dia a dia, o que certamente será revertido numa desculpa para mergulhar na marginalidade.

Essas condições fundamentais, sobre as quais fizemos referência acima, são bens tutelados e assegurados constitucionalmente, no art. 227, formadores do alicerce na vida dos menores. Se deixados de lado em algum momento, poderemos esperar consequências irreparáveis às debilidades moral e física do menor, que certamente estará maculada por falta de cuidados.

4.1.2. A criança e o direito à proteção integral

O segundo princípio primordial à existência vívida e sagaz do menor vem testificada no art. 1º do Estatuto, em que encontramos a idealização – se é que assim podemos chamar – do que se defere às crianças e aos adolescentes. É o que chamamos de *proteção integral*.

Essa expressão tem duas vertentes importantes: ***proteção*** *no sentido de resguardo às condições para a felicidade atual e futura;* ***integral*** *porquanto devida* *à totalidade do ser humano, nos seus mais variados aspectos, notadamente físico, mental, moral, espiritual e social*[1].

Essa preocupação, ao contrário do que muitos doutrinadores pugnam, se dá pelo fato de que os direitos da criança e do adolescente são indisponíveis, e o contrário é inaceitável frente ao sistema jurídico, dada a necessidade de o menor conviver em situação digna, hoje e sempre.

Os menores são titulares de seus próprios direitos, os quais podemos denominar de subordinantes[2], não só em si mesmos, mas também frente à sociedade, à família e ao Estado. Essas garantias lhe asseguram a materialidade dos direitos e efetividade nos processos, impedimento para que o livre-arbítrio (valores e moral) paire sobre suas relações sociais.

Por vezes, diante da necessidade da família e, até mesmo, da sociedade em proteger os menores, não é incomum depararmos com seu estrangulamento sob alegação de protegê-los. Muitas vezes, não se tendo ideia do que fazer, providenciam-se medidas paleativas que, como o próprio nome diz, acabam não solucionando e provocando o prolongamento do perigo ou a dormência do problema, que, mais cedo ou mais tarde, volta à tona.

> *A família como garantidora da integridade física e moral, a sociedade como adequação coletiva à convivência grupal, o Estado como propulsor da atualização de potencialidades, constituem-se pálidos resumos de pressupostos que determinam a concepção da desnecessidade quanto ao reconhecimento de direitos de crianças e adolescentes.*[3]

E certamente ainda se pergunta: *quais são esses direitos?* O direito à vida, à saúde, à alimentação, à educação, ao lazer, à profissionalização, à cultura, à dignidade, ao respeito, à liberdade, acesso à prática de esportes, ao lazer, às convivências familiar e comunitária, além de colocá-los a salvo de toda forma de negligência, discriminação, exploração, violência, crueldade e opressão.

Como protegê-los? Por meio de todos os meios colocados à disposição do legislador, como é o caso do Estatuto, da Constituição Federal e do Código Civil, assim como pelos entes autorizados e obrigados a tanto, como é o caso dos pais, dos tutores, dos curadores, do Estado, das Procuradorias do Ministério Público (CAO), do Conselho Tutelar, dentre outros.

Em especial ao Estado, podemos citar pormenorizadamente algumas de suas obrigações, a saber:

---

(1) PAULA, Paulo Afonso Garrido de. *Direito da criança e do adolescente e tutela jurisdicional diferenciada*. São Paulo: RT, 2002. p. 25.

(2) *Ibidem*, p. 23.

(3) *Op. cit.*, p. 24.

a) O Estado assegurou a existência de programas de assistência integral à saúde da criança e do adolescente, ainda que em parceria com instituições não governamentais (CF, 227, § 1º);

b) Parcela dos recursos públicos devem ser destinados ao aleitamento materno (CF, art. 227, parágrafo único, I);

c) Atendimento e prevenção aos portadores de deficiências físicas ou mental, com habilitação ao trabalho e à convivência em sociedade (CF, 227, parágrafo único, II);

d) Asseguramento aos direitos previdenciários e trabalhistas, sem prejuízo do acesso à educação (CF, art. 227, § 3º, incisos I a III);

e) Acesso à justiça e reafirmação de prioridade para o exercício do devido processo legal (CF, art. 227, § 3º, IV e V);

f) Incentivos fiscais aos pais e tutores que exercem o poder familiar (CF, art. 227, § 3º, VI);

g) Punição da violência, exposição ao perigo e abuso sexual (CF, art. 227, § 4º);

h) Igualdade de tratamento aos filhos (CF, art. 227, § 6º), dentre outros.

4.1.3. O princípio da afetividade

A Constituição Federal, o Estatuto e o Novo Código Civil, como visto anteriormente, asseguram igualdade entre os filhos de modo que nenhum direito a eles pode ser aplicado de forma desigual.

Ocorre que *o que não pode ser criado é o laço de afetividade*. E isso não se trata de obrigação de amar ou de ser amado.

O que o sistema jurídico atual fez foi propiciar a criação da afetividade entre pais e filhos, estes concebidos geneticamente ou não. E esse sentimento que decorre das relações familiares não pode ser imposto, mas naturalmente surge, estreitando a convivência entre ambos.

Em trabalho publicado recentemente, a advogada Iglesias Fernanda de Azevedo Rabelo apresenta sua opinião no sentido de que:

> o significante paterno só tem importância se for constituído com base no amor. Isto porque a autoridade paterna às vezes se apresenta com um caráter despótico.
>
> Dessa forma, a lei simbólica do pai não pode ser impingida sem um conteúdo de sustentação. O temor à lei, somente enquanto temor leva-nos às situações sombrias da violência, porque não há um outro propósito no ato cometido para além do infligir dor, coagir pelo medo. Assim, a

> simbologia paterna deve ser construída com base no afeto, aquele afeto que desenvolve nas crianças e adolescentes os atributos para o alcance da verdadeira emancipação.[4]

Apesar de o citado trabalho tratar da figura paterna, não devemos deixar que esse sentimento ou essa conduta seja esperado apenas da parte dele, mas, sim, dos pais de modo geral, pois já devemos levar com consideração as famílias monoparentais.

Por fim,

> outra categoria que se consagrou no direito brasileiro de família foi o da afetividade, entendida como o liame específico que une duas pessoas em razão do parentesco ou de outra fonte constitutiva da relação de família. A afetividade familiar é, pois, distinta do vínculo de natureza obrigacional, ou patrimonial, ou societário. Na relação familiar não há fim econômico, cujas dimensões são sempre derivadas (por exemplo, dever de alimentos, ou regime matrimonial de bens), nem seus integrantes são sócios ou associados. Por outro lado, a afetividade, sob o ponto de vista jurídico, não se confunde com o afeto, como fato psicológico ou anímico, este de ocorrência real necessária. O direito, todavia, converteu a afetividade em princípio jurídico, que tem força normativa, impondo dever e obrigação aos membros da família, ainda que na realidade existencial entre eles tenha desaparecido o afeto. Assim, pode haver desafeto entre pai e filho, mas o direito impõe o dever de afetividade. Além dos fundamentos contidos nos arts. 226 e seguintes da Constituição, ressalta o dever de solidariedade entre os membros da família (art. 3º, I, da Constituição), reciprocamente entre pais e filho (art. 229) e todos em relação aos idosos (art. 230). A afetividade é o *princípio jurídico que peculiariza, no âmbito da família, o princípio da solidariedade*.[5] (grifo nosso)

Já não é de hoje que muitos psicólogos e juristas apontam no ramo familiar que o amor e o respeito não se compram, mas, sim, se adquirem apenas pela confiabilidade que a criança e o adolescente encontram e esperam daquele que nem sempre se imaginaria ser ícone das qualidades tão almejadas.

Nem poderíamos dizer também que os menores passam a amar por meio de sadia convivência, até porque, durante o convívio, os filhos podem ser vistos cercados de sentimentos e de condutas do pai, da mãe ou dos respectivos cônjuges dos pais (padrasto e madrasta, por exemplo) nem sempre de acordo com suas expectativas, o que frustra seu querer amar.

---

(4) RABELO, Iglesias Fernanda de Azevedo. Desagregação familiar e delinquência infanto-juvenil: uma reflexão acerca das implicações da ausência paterna no comportamento dos filhos menores. *Jus Navigandi*, Teresina, ano 11, n. 1325, 16 fev. 2007.

(5) LÔBO, Paulo Luiz Netto. Paternidade socioafetiva e o retrocesso da Súmula n. 301 do STJ. *Jus Navigandi*, Teresina, a. 10, n. 1036, 3 maio 2006.

A família, tendo desaparecido suas funções tradicionais, no mundo do ter liberal burguês, reencontrou-se no fundamento da afetividade, na comunhão de afeto, pouco importando o modelo que adote, inclusive o que se constitui entre um pai ou mãe e seus filhos. A comunhão de afeto é incompatível com o modelo único, matrimonializado, que a experiência constitucional brasileira consagrou, de 1824 até 1988. A afetividade, cuidada inicialmente pelos cientistas sociais, pelos educadores, pelos psicólogos, como objeto de suas ciências, entrou nas cogitações dos juristas, que buscam explicar as relações familiares contemporâneas[(6)].

O princípio da afetividade, para o autor que escreveu o texto citado acima, tem fundamento constitucional. De fato, o respeito aos filhos é fruto da superação da discriminação pela própria legislação.

A família, com sua evolução conceitual, passou a ser considerada um grupo social fundado essencialmente nos laços de afetividade, garantindo aos filhos a igualdade, independentemente de sua origem (art. 227, § 6º, da CF); a adoção, como opção afetiva, e que as famílias, formadas por qualquer dos pais e de seus descendentes, incluindo-se os adotivos, têm a mesma dignidade de família constitucionalmente protegida (art. 226, § 4º, da CF).

A origem genética é renegada nos tempos atuais, valorizando sobremaneira a manutenção dos menores e sua proteção. Até mesmo as pessoas que se unem em comunhão de afeto são famílias protegidas pela Constituição, a exemplo daqueles que vivem em união estável.

O princípio da afetividade, portanto, não pode ser considerado fruto da genética, mas da convivência com amor e confiança.

Os laços de afeto e de solidariedade derivam da convivência e não do sangue. A história do direito à filiação confunde-se com o destino do patrimônio familiar, visceralmente ligado à consanguinidade legítima. Por isso, é a história da lenta emancipação dos filhos, da redução progressiva das desigualdades e da redução do quantum despótico, na medida da redução da patrimonialização dessas relações[(7)].

Com a igualdade assegurada aos filhos e com a proteção conferida às famílias, ainda que apenas matriarcal com descendente, a família recuperou seus valores na evolução dos tempos, deixando-se unida por desejos e laços afetivos, em comunhão de vida.

---

(6) LÔBO, Paulo Luiz Netto. Princípio jurídico da afetividade na filiação. *Jus Navigandi*, Teresina, a. 4, n. 41, mai. 2000. Disponível em: <http://jus2.uol.com.br/doutrina/texto.asp?id=527>.
(7) *Op. cit.*

O princípio jurídico da afetividade faz ainda com que muitos doutrinadores e juristas respeitem ainda mais os direitos fundamentais das crianças e dos adolescentes, quase num embate de solidariedade recíproca, *deixando que não prevaleça a perturbação sobre aqueles seres que são amados por quem querem de fato ser.*

Dignificou-se a pessoa humana nas relações familiares, mesmo que não formadas por laços consanguíneos.

4.1.4. Do direito de convivência familiar

A Constituição Federal de 1988 possibilitou à criança e ao adolescente enormes benefícios ao dispor de forma clara e precisa acerca do respeito ao seu direito de ter convivência comunitária e familiar (art. 227, *caput*).

Especificou mais: incumbiu a todos esse dever, criando o *trinômio: família, Estado e sociedade*.

Já por sua vez, o Estatuto delineou em seus artigos o direito desses jovens de serem inseridos verdadeiramente em suas família, tanto naturais, quanto substitutas.

Como mencionamos inicialmente, traumas velhos de infância serão deixados para trás, a fim de propiciar nova vida a esses jovens.

Todo o comportamento que antes era dispensado com negativismo e agressividade, passaria então a se modelar para o fim de garantir seu desenvolvimento em passo normal, sem qualquer passado nebuloso.

Com o advento do Novo Código Civil, o direito à convivência familiar passou a ser perseguido, desde suas estruturas fundamentais (Magna Carta vigente), bem como pelo Estatuto, haja vista a dubiedade dos termos de alguns dispositivos do referido texto civil.

Neste diapasão, dispõe o art. 1.611 que "o filho havido fora do casamento, reconhecido por um dos cônjuges, não poderá residir no lar conjugal sem o consentimento do outro".

Fica exarcebadamente contrário ao Estatuto o objetivo do presente dispositivo, uma vez que renegados estão os direitos das crianças e dos adolescentes se comparados aos interesses do cônjuge ex-adverso, que nada mais teria do que obrigação de aceitar o filho reconhecido.

Referida *imposição legal* acaba renegando os princípios básicos para a formação de uma "família", para dar margem à preterição dos interesses dos cônjuges num primeiro plano para após, então, dispensar-lhes a devida atenção.

Veja-se o enorme contraste para o qual conduz-nos a inteligência *data maxima venia* do artigo em análise: se algum menor estiver internado ou à espera de adoção em casas de abrigo, localizado pelo menos um de seus entes familiares, deveria ser imediatamente conduzido ao lar, sem que qualquer burocracia fosse criada a fim de dificultar ainda mais o processo de reintegração familiar.

Com a nova leitura do artigo, antes da entrega do menor ao familiar (pai ou mãe) sobrevivente, a nova família constituída deve ser consultada.

Discordante o cônjuge ex-adverso, o menor deve ser reinstalado em abrigos ou casas de custódia, para aguardar sua maioridade civil.

Questiona-se, por oportuno, ainda, se a lei fez regras a respeito dessa recusa ou desse consentimento.

Evidentemente, o legislador, já ciente de que burocratizou ainda mais a reintegração célere dos jovens às suas famílias, deixou de dispor a respeito desse assunto, criando um enorme lapso legal entre a razão e a ideal convivência familiar que devem ser dispensadas aos adolescentes e às crianças.

Não é real afronta ao princípio da dignidade da pessoa humana, preconizado na Constituição Federal, além de atentatório aos direitos humanos, mantermos crianças ou adolescentes em instituições públicas até que a relação familiar de seu ente familiar mais próximo (pai ou mãe) entenda-se com o cônjuge ex-adverso sobre assumir ou não a responsabilidade que paira sobre um deles?

Soluções devem ser analisadas sob dois pontos importantes: devemos avaliar as situações que impossibilitam de fato a convivência familiar e, sobremaneira, *privilegiarmos o interesse do menor*, sob pena de estarmos transgredindo seus direitos e suas garantias fundamentais preconizados na Carta Vigente.

A recusa combatida acima significa negar dispositivo constitucional que assegura ao menor um lar e convivência familiar, assim como cercear a prática de sua dignidade.

4.1.3.1. A convivência em família substituta

4.1.3.1.1. Definição de família substituta

O ser humano, a fim de ter protegido seu desenvolvimento em família e sociedade, passa por diversos estágios de evolução ao longo de sua existência.

Esses se iniciam na época em que ainda não podem tutelar os próprios interesses, percorrendo um longo caminho de convivência e aprendizado com a família (natural ou substituta) para, após, presumirmos que adquiriram maturidade para zelarem por seus próprios interesses.

Como já mencionado nos capítulos anteriores, essa fase da vida dos jovens deve ser acompanhada pelos pais ou por aqueles que detêm o poder familiar, dada a necessidade de absorverem valores, formarem seu próprio juízo.

Porém, fatos naturais e sociais nos obrigam suscitar, dentre as possibilidades, o falecimento ou a declaração de ausência de qualquer um dos pais. E, ainda, percorrer as entranhas do doloroso processo de destituição ou suspensão do poder familiar, momento em que os filhos menores devem ser postos sob tutela de outrem ou do próprio Estado.

Para Antônio José de Souza Levenhagen, "é o poder que a lei confere a uma pessoa capaz para proteger e administrar os bens de um menor que não esteja sob o pátrio poder, representando-o ou assistindo-o em todos os atos da vida civil"(8).

Dessa forma, quando o menor vê-se desamparado pelos pais ou familiares que possam lhe prover educação, carinho e conforto, surge a possibilidade de acomodá-lo em família substituta, ou seja, mediante guarda, tutela ou adoção, entregá-los aos cuidados de outra família, sempre atendendo aos requisitos do art. 165 e seguintes do Estatuto.

Serão sopesados os critérios relativos ao grau de parentesco, relações de afinidade e afetividade, justamente para que os menores não venham a sofrer ainda mais, já que a referida medida é drástica e, quase sempre, advém de uma relação ou situação temerosa.

Dada a execução de meios modernos à concepção do que se define por "família", temos ainda de mencionar que o menor pode ser colocado em qualquer das modalidades, sem que haja preconceito às famílias hodiernamente existentes, como as uniões estáveis, o concubinato ou a monoparetalidade, em comparação à família antigamente delineada.

E, ainda, urge a possibilidade de que o menor possa vir a se manifestar pela permanência no lar substituto, fato que se dará quando puder objetivamente exprimir sua vontade. Em especial, se o caso for troca de guardião, o jovem sempre será ouvido, atendida a condição citada acima.

4.1.3.1.2. As famílias substitutas estrangeiras

Como visto no capítulo anterior, o Código Civil faculta à sociedade, na pessoa dos Juízes de Direito, a primazia de ver assegurada a tutela do menor aos parentes consanguíneos ou a terceiros, mediante processo de intervenção judicial. Assim, coloca-se o jovem desamparado em família substituta, seja pelos institutos da tutela, da curatela ou da adoção. A nós, interessa nesse momento a análise do último, que causa aos operadores do direito maior turbulência na compreensão.

O que nos salta à análise é que não apenas famílias brasileiras residentes em nosso país vêm procedendo de tal forma, mas também as nacionais residentes em países estrangeiros.

---

(8) *Código Civil*: comentários didáticos. São Paulo: Atlas, 1994. v.2, p. 268.

Veja-se que o art. 31 do ECA dispõe que "a colocação em família substituta estrangeira constitui medida excepcional, somente admissível na modalidade de adoção".

Não parece possível que entreguemos nossas crianças desenfreadamente a famílias de culturas e origens diversas. Mas, sim, permissível, e unicamente admissível e pertinente, que se faça por meio da concessão da adoção.

Poder-se-ia admitir, tranquilamente, que estrangeiros fizessem a adoção de menores brasileiros, se ampararmos essa concepção aos moldes do art. 5º da Constituição, que equipara brasileiros e estrangeiros residentes no país.

Os dispositivos contidos no Estatuto, na nova Lei Civil e na Constituição não fazem menção legal de proibição ou permissão evidentes[(9)], porém, predomina o entendimento nos Tribunais e para a maioria dos doutrinadores de que a preferência deve ser dada aos nacionais.

Mas, se a família estrangeira quer propiciar uma vida melhor e mais regrada aos menores, para que tanta burocracia?

A realidade da adoção no Brasil é quase uma lenda, pois todos sabemos da quantidade de requisitos que são cobrados dos adotantes para que se conceda o direito. E, na grande maioria dos casos, o que vemos é a negação desse direito por falta de condições financeiras e/ou psicológicas.

Por que, então, não conferir esse direito aos estrangeiros? Por que não integrá-los ao rol de possíveis adotantes para que possam propiciar qualidade de vida a esses menores?

Os Tribunais, com apoio no art. 31 do ECA, entendem que tirar o jovem do país pode significar o afastamento destes com os familiares que não tiveram condições de permanecer com sua tutela, senão, veja-se:

> Constitui direito líquido e certo, do ascendente do menor, o requerimento da suspensão do processo de adoção de seus netos, por casal estrangeiro, até que se esgotem as possibilidades de sua colocação em lar de família brasileira. A lei específica prevê que a adoção em família substituta estrangeira somente será admissível na modalidade de adoção como medida de caráter excepcional.[(10)]

Apesar de não vislumbrar prejuízos de cunhos familiar e psicológico aos jovens que não têm familiares para deixar no país, ainda assim, prevalece que eles, prioritariamente, sejam adotados pelos nacionais ou estrangeiros aqui residentes, a fim de que fiquem próximos de sua pátria e seus valores.

---

(9) TAVARES, José de Farias. *Comentários ao estatuto da criança e do adolescente*. Rio de Janeiro: Forense, p. 32.

(10) RT 700/149.

4.1.3.1.3. Críticas às alterações do Novo Código Civil no tocante às famílias substitutas

A primeira crítica que se faz deve-se à alteração da norma civilista que, com a nova redação do art. 1.621, alterou as regras contidas no diploma anterior, em seu art. 372. Dispõe o mencionado dispositivo alterado:

> Art. 1.621. A adoção depende de consentimento *dos pais ou dos representantes legais*, de quem se deseja adotar, e da concordância deste, se contar mais de doze anos.
>
> § 1º O consentimento será dispensado em relação à criança ou adolescente cujos pais sejam desconhecidos ou tenham sido destituídos do poder familiar.
>
> § 2º *O consentimento previsto no caput é revogável até a publicação da sentença constitutiva da adoção.* (grifo nosso)

Com a nova redação feita no art. 372 do CC/1916, os jovens devem, previamente à colocação em lar substituto, do consentimento de ambos os genitores ou de seus representantes legais, contrariando descaradamente o preceito do art. 45, *caput*, do ECA, que exige que apenas um deles assim proceda.

Mais uma vez, vê-se a burocracia estendendo seus braços para o rompimento das regras de primazia ao interesse do menor.

Por que motivo criar dificuldades às regras que visam enriquecer os laços familiares dos jovens? Isso porque, se não estivessem suas vidas estilhaçadas com a vida pregressa, não estariam sendo submetidos à troca de lar.

Imaginemos a situação em que o jovem tenha sido retirado do lar, ou tenha tido seus pais destituídos do poder familiar. É possível e viável que se peça autorização?

E o consentimento, se levado a termo, segundo a redação dada ao § 2º do indigitado artigo, poderá ser objeto de retratação até o momento da publicação da sentença constitutiva da adoção.

A Justiça Especializada da Criança e do Adolescente, acostumada com atos menos formais e mais céleres, ver-se-á agora diante de uma lentidão ímpar de seus casos e procedimentos.

As manobras possíveis diante do aparecimento desses casos na Justiça serão de extrema importância para o futuro das normas em vigor.

Para assegurar a aplicação das regras mais benéficas e necessárias ao desenvolvimento do menor, as partes deverão requerer a declaração *incidenter tantum* da inconstitucionalidade dos dispositivos legais que atentem contra o direito da criança e do adolescente à digna convivência familiar.

A convivência familiar, ainda que substituta, é irrestritamente garantida pela Magna Carta vigente, acentuando seu valor quando da mantença e da reestruturação dos valores da família, que é base da sociedade.

4.1.5. Do direito assistencial: a tutela ao menor

O instituto da tutela tem cunho assistencial e, como principal objetivo, conferir o cargo ou "*munus* público", como a maioria dos doutrinadores denominam, a exemplo de Silvio de Sálvio, *àquele designado para a administração da vida e dos bens de um menor.*

Segundo Álvaro Villaça de Azevedo[11], "é um instituto jurídico que se caracteriza pela proteção dos menores, cujos pais faleceram ou que estão impedidos de exercer o poder familiar, seja por incapacidade, seja por terem sido deles destituídos ou terem perdido esse poder".

Esse encargo pode e deve ser conferido enquanto o jovem não tiver completado 18 anos. Após esse período, cessa o dever, passando o jovem a administrar pessoalmente seus bens.

Esse menor, de certo, é alguém que tenha ficado órfão ou que tenha sofrido as consequências da perda do poder familiar, seja pela destituição, pela suspensão ou pela declaração de ausência.

Nada mais razoável que assim proceder. Veja-se que a tutela é considerada pelo Estatuto da Criança e do Adolescente como uma forma de família substituta, devendo ser atendidas as disposições gerais previstas nos arts. 28 a 32[12].

A matéria, disposta nos arts. 1.728 e seguintes do Código Civil, e nos arts. 36 e seguintes do Estatuto, limita de forma taxativa as atribuições, os direitos e as obrigações destinadas ao tutor e ao pupilo, que são em número bastante inferior àqueles do poder familiar.

Insta ainda recordarmos que a tutela apenas se presta ao auxílio dos menores, e não dos incapazes, que contam com a curatela para sua assistência.

Fazendo a conjunção dos preceitos do Código Civil e do Estatuto, podemos apontar as condições curiais para que os menores sejam colocados em tutela: aqueles que, por ação ou omissão da sociedade ou do Estado, ou pela falta, pela omissão, pelo abuso e pela conduta experimentada pelos pais ou responsável, estiverem sujeitos à ameaça ou à violação de seus direitos. Da mesma forma, àqueles que tiveram seus pais falecidos ou declarados ausentes ou aos filhos que se viram diante da perda ou suspensão do poder familiar em seus lares.

A finalidade de serem os menores colocados em tutela deve-se ao fato de eles necessitarem de cuidados, terem a administração de seus bens, serem representados no exercício de seus direitos e obrigações civis.

Para as disposições previstas no diploma civil, veremos apenas a outorga do dever se tutelar. Alongando-se essa prerrogativa, quando estivermos diante da

(11) AZEVEDO, Álvaro Villaça de. *Comentários ao Código Civil*. São Paulo: Saraiva, 2003. v.19, p. 319.
(12) GONÇALVES, Carlos Roberto. *Direito civil brasileiro*. São Paulo: Saraiva, 2005. v. VI, p. 573.

situação em que o menor passará a ser tutelado com fundamentos em uma das hipóteses do art. 98, do ECA, veremos o exercício da tutela em conjunto com o exercício de guarda (parágrafo único do art. 36 do Estatuto).

Mas devemos levar em consideração que o Estatuto provocou uma imensa alteração nas disposições da tutela quando editado. Este conferiu ao diploma civil de 1916 um caráter mais humanista, dispondo não só a respeito da administração dos bens, mas também da necessidade que tem o tutor de enquadrar-se como sendo o responsável pela formação do caráter, da personalidade, da honra e da preservação da dignidade do menor.

> *Certamente, a alteração mais substancial tenha sido a inserção de novas responsabilidades para o tutor: o dever de guarda e, por conseguinte, a integração da criança ou do adolescente na família substituta*[13].

Importa-nos, sobremaneira, analisar a questão relativa à responsabilidade de cada tutor quando escolhida para o exercício de referida incumbência. Sobre esse tópico, estudaremos na análise de cada tipo de tutela.

4.1.5.1. Espécies de tutela

Para doutrinadores como Carlos Roberto Guimarães e Carlos Eduardo Nicoletti Camillo, a tutela pode ser de três tipos: *testamentária*, *legítima* ou *dativa*. Outros autores, como Maria Helena Diniz e Silvio de Salvo Venosa, apontam uma quarta classificação, indicando que a tutela também pode ser *irregular*.

Para os fins de nossos estudos, adotaremos a classificação que divide esse instituto em quatro formas, haja vista a necessidade da análise dessa última, reconhecida e habitualmente, a mais exercitada na sociedade atual.

Vejamos, então, pormenorizadamente, cada uma delas.

a) Tutela Testamentária

Essa forma de tutela está regulamentada nos arts. 1.729, 1.730 e 1.733 do Código Civil. O Estatuto não dispensou qualquer disposição acerca do assunto. Veremos essa forma nos casos em que se outorga a tutela por meio de disposição de última vontade daquele que detinha o poder familiar.

Importante destacar que essa nomeação compete somente aos pais, sempre em conjunto (art. 1.729) ou, pela ausência declarada de um deles ou de seu falecimento, assegurado é que o sobrevivente disponha sobre se, na época em que veio a falecer, tinha o poder familiar.

No diploma de 1916, era possível que avós também o fizessem, porém, essa norma foi suprimida da nova lei civil, que apenas admite aos pais.

---

(13) CAMILLO, Carlos Eduardo Nicoletti *et al*. (Coords.). *Comentários ao Código Civil artigo por artigo*. São Paulo: RT, 2006. p. 1.245.

Para a autora Maria Helena Diniz[14], é censurável essa disposição, uma vez que, pela ausência ou com o falecimento dos pais ou tutores, se os avós estivessem vivos, muito sabiamente talvez pudessem exprimir sua vontade para indicar quem deveria proteger o neto impúbere.

A referida disposição de última vontade, a qual deve emanar dos pais, deve constar de testamento ou de qualquer outro documento autêntico que tenha o mesmo fim. Da mesma forma, se declarado falso ou eivado de nulidade o documento que dessa forma dispunha, revogada a tutela ora concedida. *Por documento autêntico, compreenda-se aquele onde não paire qualquer dúvida a respeito da identidade do signatário e da realidade que nele se declara*[15].

Se a nomeação de tutor se der pelo pai ou pela mãe que, ao tempo de sua morte, não tinha o poder familiar, ela será declarada nula, de pleno direito, sendo revogados todos os seus efeitos.

Maria Helena Diniz[16], sobre esse ponto, acrescenta-nos observação muito importante quando cita Alexandre Guedes Alcoforado Assunção, que analisa a questão citando que *a exigência da conjugação de vontade de ambos os pais para a nomeação de tutor poderá acarretar, na prática, transtornos insuperáveis. Deste modo, é conveniente a flexibilização da norma, com o acréscimo de um § 2º ao art. 1.729 com a seguinte redação:* "a nomeação poderá ser realizada por somente um dos pais, se o outro estiver, por qualquer motivo, impossibilitando ou se negue, sem justa causa, a fazê-lo e desde que atenda aos interesses do filho" (Projeto de Lei n. 6.960/2002).

Não é demais lembrarmos que, quando o representante do Poder Judiciário recebe uma lide em que deverá dispor sobre a nomeação de um tutor, independentemente da disposição de última vontade feita pelos pais ou por um deles, deverá atentar-se às condições sob as quais o menor será colocado. Isso porque podemos estar diante de situações em que o quadro familiar, de um dia para outro, torna-se inapropriado ao menor, o que obrigará o magistrado a nomear outra pessoa para o encargo.

Para tanto, o legislador civil, ponderando sobre essa possibilidade, deixou implícita essa incumbência ao magistrado, que terá de interpretar as regras dos arts. 1.731 e 1.732, inciso III, ambos do CC/2002, para justificar sua determinação.

Última observação importante sobre o assunto se faz com relação aos *irmãos órfãos*, que deverão ser obrigatoriamente entregues a um só tutor. Essa preocupação, demonstração ímpar da preocupação do legislador, é mais um passo positivo inserido na lei civil (art. 1.733), uma vez que deparamos com a

(14) DINIZ, Maria Helena. *Curso de direito civil brasileiro*. v. 5. direito de família. 20. ed. revisada e atualizada de acordo com o novo Código Civil. São Paulo: Saraiva, 2005. p. 586.
(15) *Op. cit.*, p. 1245.
(16) *Op. cit.*, p. 586.

efetivação e a execução de todos os princípios constitucionais insculpidos aos menores. O Estado obriga-se a garantir o não desvencilhamento dos laços entre os familiares que lhes restaram.

E, ainda, quando o Poder Judiciário deparar com testamento em que haja mais de um tutor designado, deve ser interpretada a disposição com a regra da precedência, preferindo o primeiro ao último. Isso antevendo o melhor interesse do menor, que certamente tem de estar o mais próximo possível de sua família. Essa responsabilidade, portanto, é do poder judicante que, mesmo sabendo que a unicidade da tutela não é absoluta, deve primar para que ela se efetive no superior interesse do menor.

b) Tutela Legítima

A tutela legítima não pressupõe a existência de nenhuma prévia exteriorização de vontade. Estaremos diante dessa modalidade quando, pela ausência de manifestação, o magistrado tiver de optar pela nomeação de parentes consanguíneos do menor, obedecida a ordem de preferência constante do art. 1.731 do Código Civil.

Da mesma forma, essa tutela será verificada quando o tutor ora nomeado para o *munus*, escusar-se ou tiver revogada sua responsabilidade.

Quanto à primeira opção, o artigo civil que indica os parentes é taxativo, a saber:

> Art. 1.731. Em falta de tutor nomeado pelos pais incumbe a tutela **aos** *parentes consanguíneos do menor*, por esta ordem:
>
> I — aos ascendentes, preferindo o de grau mais próximo ao mais remoto;
>
> II — aos colaterais até o terceiro grau, preferindo os mais próximos aos mais remotos, e, no mesmo grau, os mais velhos aos mais moços; em qualquer dos casos, o juiz escolherá entre eles o mais apto a exercer a tutela em benefício do menor. (grifo nosso)

Já no segundo caso, em que se verifica a escusa ou a revogação da tutoria, o caso é bem diferente.

A ordem estabelecida, em regra, não deveria ser desconsiderada, se não fosse o caso de o juiz, antes de atribuir essa responsabilidade a alguém, ter de diligenciar para o melhor prover.

Essa diligência requer análise cuidadosa.

O magistrado deve primar pela escorreita escolha e, posteriormente a ela, pelas diligências do tutor, uma vez que corre, paralelamente à sua designação, responsabilização para ambos pelos atos praticados. Ao magistrado porque deve primar para que sua escolha seja a mais prudente e justa possível. Ao tutor, porque terá fiscalizados todos os atos praticados, sendo seu descuido ou desleixo justificativa para revogação da tutela e apuração de *quantum* relativo à indenização.

O magistrado deve desprender durante o processo toda a cautela possível para evitar que possa ser responsabilizado pelos atos praticados pelos tutores e malsinados ao Juízo.

Essa responsabilidade, acrescente-se, é *direta e pessoal*, quando o juiz não tiver nomeado tutor, ou não o houver feito oportunamente; e *subsidiária*, quando não tiver exigido garantia legal do tutor, nem o removido, tornar-se suspeito (art. 1.744, do CC/2002).

Para Silvio de Salvo, "o legislador procura cercar a tutela e sua lisura das maiores cautelas, inclusive a responsabilidade pessoal do juiz, que é exceção dentro do sistema"[17].

Denota-se apenas primordial, antes de qualquer opinião sobre se o magistrado agiu com cautela ou não, aferir se o nexo causal entre a omissão e o prejuízo advindo ao tutelado. Provado o nexo, a responsabilidade recairá, também, ao juiz que nomeou o tutor infrator.

A legislação quis criar mecanismos para que eventuais atos judiciais não pudessem exprimir qualquer forma de desídia ao tratarem do assunto, por isso, constituíram sanções aos magistrados lenientes e omissos.

Veja-se que também foi possível que o magistrado não tenha a função de tornar-se fiscal dos atos de tutoria, podendo ocupar-se de outras coisas também importantes. Essa solução foi dada pelo próprio legislador que, no art. 1.744 do diploma civil, concedeu a possibilidade da nomeação de um *protutor*. Isso é verdade, se o juízo entender cabível e se não achar mais viável que se proceda à hipoteca legal.

Da mesma forma que na nomeação, será também causa de imputação de pena relativa à responsabilidade ao magistrado se, quando cabia, deixou de nomear o *protutor*. E, para corroborar com as providências anteriores, as mesmas sanções se aplicarão caso o juiz não venha a diligenciar para nomear protutor prudente e de lisura impecável.

O protutor, no entendimento de Carlos Eduardo Nicoletti Camillo[18], "apenas se trata de uma pessoa, que também goza de idoneidade, aptidão, honestidade, zelo, boa-fé, que também se incumbirá de exercer um munus mais específico". Sua função é a de propiciar que o juízo apenas acompanhe a fiscalização que será feita na tutoria do menor, evitando-se prejuízos a ele.

(17) VENOSA, Silvio de Salvo. *Direito Civil*: direito de família. 5. ed. São Paulo: Atlas, 2005. p. 476.
(18) *Op. cit.*, p. 1253.

Prudente ressaltarmos que o juiz não se desincumbe de fiscalizar os atos de ambos, quando a prestação de contas for apresentada ao juízo, tampouco deve isentar-se da responsabilidade de apurar suas impressões por ter nomeado o protutor. Verificando equívocos ou disparidades, deve o juízo providenciar o contraditório para, se for o caso, revogar a tutoria.

c) Tutela Dativa

A terceira forma de tutela a ser estudada é a denominada dativa. Essa modalidade, estipulada no art. 1.732 do Código Civil, e também sem referência no Estatuto, aponta para o exercício da tutela por uma terceira pessoa, a qual não possua qualquer vínculo de consanguinidade com o menor.

Como é tratada de forma subsidiária, será adotada quando não houver tutor testamentário ou legítimo (suspensão ou exclusão do exercício do poder familiar); ou quando esses últimos tiverem sido excluídos ou escusados da tutela; ou ainda, quando o tutor legítimo e o testamentário forem removidos por não serem idôneos.

Esse sujeito recebedor de incumbência tamanha deverá demonstrar e comprovar ao Juízo suas idoneidades moral e material, devendo ser, necessariamente, domiciliado no mesmo local onde o menor houver fixado residência.

Importa-nos aqui destacar que o juiz, sempre que puder e se tiver opção, deve outorgar essa responsabilidade a pessoas de maior proximidade do menor, evitando-se prejuízos à convivência familiar e à formação de sua moral. Isso, evidentemente, dependendo da situação no caso concreto, devendo todas as circunstâncias serem levadas ao conhecimento do Juízo.

Pressupõe-se que alguém já lesado moralmente pela perda dos entes familiares, seja pela morte, seja pela perda do poder familiar, deva ser exposto ao menor sofrimento possível.

Nesse caso, parece-nos possível que o juiz, caso entenda viável, adote a regra do art. 1.731 que, apesar de fazer referência a tutela legítima, poderia ser aplicada *in casu* para que o melhor interesse do menor prevaleça.

Ainda que não haja parentes em linha reta, nada opõe a lei civil que se faça aos colaterais, ainda que não haja testamento, motivo pelo qual, parece-nos escorreito que assim se faça.

E, por fim, caso ainda estejamos diante da ausência de parentes em linha reta ou colateral, o magistrado poderá socorrer-se de instituições pública que abrigam menores até sua adoção, ou ainda, caso não se localize vaga nesse serviço, que os menores sejam encaminhados a pessoas voluntárias, inscritas para esse fim (Lei n. 8.069/1990, arts. 34, 90 a 94).

d) Tutela Irregular

Sem qualquer sombra de dúvidas, essa é a forma de tutela mais utilizada no Brasil. O motivo é simples: a ignorância social que assola nosso país, cumulada com a falta de recursos das famílias, acaba generalizando a informalidade.

A tutela irregular desenvolve-se sem que alguém, nomeado judicialmente, exerça a condição de tutor.

Não há, juridicamente falando, alguém a quem se tenha incumbido a tarefa de administrar a vida social e os bens do menor. Evidentemente, aqueles que informalmente se investem no cargo, o fazem de livre e espontânea vontade, porém, sem que sejam gerados seus efeitos jurídicos, ainda que o tutor estivesse de boa-fé para a prática de qualquer ato de amparo ao menor.

Mas poderá, sim, sobrevir o questionamento de como serão regidos então os atos praticados por esses "tutores". Washington de Barros Monteiro(19) nos ensina que nada mais se dá do que gestão de negócios, contrato nominado e previsto no Código Civil, opinião com a qual pactuamos.

A justificativa para tal conclusão deve-se ao fato de que atos unilateralmente praticados podem ser revogados quando não tiver expressada sua manifestação de vontade, tampouco, designação judicial para tal providência.

Deve-se ponderar acerca da irregularidade, ainda, se essa, quando praticada por leigos ou não, pode sugerir atos eivados de mais ou menos grau de amor, de mais ou menos grau de intenção de fraudar.

Acredita-se que não. Por mais que se resista à ideia de que a tutela deve ser regular, conhecida e determinada por magistrado no curso de processo judicial, podemos ainda assim admitir que muitas pessoas não se firmaram na concepção do que é necessário fazer e quando.

Ainda há pessoas que acreditam que podem realizar atos jurídicos de boa-fé sem que isso fira ou deixe de garantir o melhor ao menor.

Talvez fosse o caso de sugerir que os atos praticados por aquele investido no cargo de tutor sejam averiguados para que, se apuradas irregularidades, sejam passíveis da declaração de anulação, e retirados do mundo jurídico com a consequente revogação de seus efeitos.

Isso tudo, em prol do melhor interesse do menor, sempre sopesando suas prioridades, seus direitos e suas garantias, cercando-o dos reclamos relacionados ao princípio da proteção integral.

---

(19) MONTEIRO, Washington de Barros. *Curso de Direito Civil*: direito de família. 19. ed. São Paulo: Saraiva, 1980. p. 307.

4.1.6. O Conselho Tutelar representando a sociedade na fiscalização dos atos do Estado e da família

Quem representa a sociedade no trabalho de fiscalizar o cumprimento das normas constitucionais e estatutárias destinadas à proteção do menor é o *Conselho Tutelar*.

É órgão permanente e autônomo, sem finalidade judicante ou jurisdicional, encarregado de zelar pela sociedade no cumprimento dos direitos da criança e do adolescente.

Essa autonomia que a lei lhe conferiu possibilita que ele cumpra com independência sua função, norteado necessariamente pelos princípios de proteção prioritária e integral dos menores.

Os membros têm suas funções enumeradas no art. 136 do Estatuto, a saber:

I — atender as crianças e adolescentes nas hipóteses previstas nos arts. 98 e 105, aplicando as medidas previstas no art. 101, I a VII;

II — atender e aconselhar os pais ou responsável, aplicando as medidas previstas no art. 129, I a VII;

III — promover a execução de suas decisões, podendo para tanto:

a) requisitar serviços públicos nas áreas de saúde, educação, serviço social, previdência, trabalho e segurança;

b) representar junto à autoridade judiciária nos casos de descumprimento injustificado de suas deliberações.

IV — encaminhar ao Ministério Público notícia de fato que constitua infração administrativa ou penal contra os direitos da criança ou adolescente;

V — encaminhar à autoridade judiciária os casos de sua competência;

VI — providenciar a medida estabelecida pela autoridade judiciária, dentre as previstas no art. 101, de I a VI, para o adolescente autor de ato infracional;

VII — expedir notificações;

VIII — requisitar certidões de nascimento e de óbito de criança ou adolescente quando necessário;

IX — assessorar o Poder Executivo local na elaboração da proposta orçamentária para planos e programas de atendimento dos direitos da criança e do adolescente;

X — representar, em nome da pessoa e da família, contra a violação dos direitos previstos no art. 220, § 3º, inciso II, da Constituição Federal;

XI — representar ao Ministério Público, para efeito das ações de perda ou suspensão do pátrio poder.

Analisando os anteriormente citados, podemos confirmar que as interferências feitas pelo Conselho são de suma importância para o asseguramento prioritário dos direitos e das garantias das crianças e dos adolescentes.

Ao contrário, poder-se-iam imaginar referidas medidas como forma paliativa de resolução do problema, tendo em vista a ausência de judicância do órgão, mas não deve ser assim encarado esse dilema.

Isso pode ser constatado pela aplicação das prerrogativas que lhe são asseguradas nos incisos acima, por exemplo, quando diante de situação em que os menores estejam à mercê da sociedade, dada a omissão dos pais em prover sua educação e sua subsistência (art. 98, inciso II).

O conselheiro daquele Município poderá sugerir e aplicar qualquer uma das alternativas do art. 101 (exceto a do inciso VIII) ou do 129 (exceto as dos incisos VIII a X), de modo que ao menor possa ser assegurado o direito de se reintegrar e ressocializar, sem o perigo da extensão de danos à sua personalidade.

A colocação em família substituta e a desconstituição da guarda, da tutela ou do poder familiar são medidas de exclusiva atribuição do Juiz de Direito. Isso porque aos pais ou tutores deve sempre ser assegurado o direito à ampla defesa, em processo adequado, uma vez que se constitui medida séria e de consequência, por vezes, drástica, apesar de necessária.

Esse assunto, inclusive, é tratado na Súmula 108 do STJ, que dispõe que "a aplicação de medidas socioeducativas ao adolescente, pela pratica de ato infracional, é da competência exclusiva do juiz".

4.1.1.1. Das decisões e dos encaminhamentos do Conselho Tutelar

Dois conceitos devem ficar bem delineados. O primeiro deve-se ao entendimento e ao alcance das decisões proferidas pelo Conselho Tutelar; e o segundo se refere ao momento e à forma como o Poder Judiciário é instado pelo referido órgão.

Como mencionado anteriormente, o Conselho não é órgão de natureza judicante, mas, sim, um intermediador entre a família, a sociedade e os menores, sempre na busca de reeducar, reintegrar, ressocializar e conciliar. Se assim o é, suas decisões são passíveis de questionamento e controle por meio da invocação do provimento jurisdicional, em respeito e em atendimento ao disposto no art. 5º, inciso XXXV, da CF/1988.

O art. 137 do Estatuto dispõe, em consonância com a Constituição Federal vigente, no sentido de que: "As decisões do Conselho Tutelar somente poderão ser revistas pela autoridade judiciária a pedido de quem tenha legítimo interesse".

Esse fato não o isola, tampouco o descredencia perante a sociedade. Ao contrário, assegura o direito assaz conhecido a todos.

Aliás, é de bom alvitre ressaltar que o acesso à justiça, princípio constitucional que anda paralelamente ao da ampla defesa, é reafirmado pelo Estatuto, em seu art. 141, que ainda determina que esse acesso se faça por intermédio do Ministério Público[20], da Defensoria Pública ou por seus órgãos correlatos.

No mesmo sentido, e com legitimidade extraordinária, o Conselho pode impor-se ao Judiciário para ver dirimida questão relativa à sua competência, como disposto no inciso IV do art. 136 do Estatuto.

Imaginemos que o Conselho Tutelar recebe os pais de um jovem sob a alegação de que ele estaria fortemente envolvido com uma quadrilha de distribuição de entorpecentes. E, ainda, que as medidas empreendidas pelo órgão não tenham sido suficientes para resolução da questão.

O Conselho, após tentar por seus meios resolver a situação, *não pode* simplesmente deixar transcorrer *in albis* a tomada de providências mais enérgicas, em especial se estiver diante de caso de reincidência do jovem à prática de atos ilícitos.

Diante disso, deve notificar o Ministério Público para que este, mediante processo judicial, requeira a punição e o restabelecimento do desobediente.

4.1.1.2. Do funcionamento e das prerrogativas do Conselho Tutelar

Quanto ao seu funcionamento, primordial serem esclarecidas algumas situações.

Cada Município deverá ter, no mínimo, um Conselho Tutelar, composto de cinco membros, que serão escolhidos eletivamente pela comunidade local para o exercício de mandato de três anos, sendo permitida uma recondução.

---

(20) "Como instrumento interno de organização, com o fito de buscar o cumprimento de seus objetivos institucionais, o Ministério Público do Estado de São Paulo serve-se do Centro de Apoio Operacional das Promotorias de Justiça da Infância e da Juventude, órgão encarregado de articulação e execução da sua política de trabalho na área da criança e do adolescente.

Legalmente é considerado como ÓRGÃO AUXILIAR DA ATIVIDADE DO MINISTÉRIO PÚBLICO, integrando o Gabinete do Procurador Geral de Justiça, competindo-lhe, à luz do disposto no art. 51 da Lei Orgânica do Ministério Público do Estado de São Paulo (Lei Complementar n. 734, de 26 nov. 1993):

Art. 51. Compete aos Centros de Apoio Operacional:

I — estimular a integração e o intercâmbio entre órgãos de execução que atuem na mesma área de atividade e que tenham atribuições comuns;

II — remeter informações técnico-jurídicas, sem caráter vinculativo, aos órgãos ligados à sua atividade;

III — estabelecer intercâmbio permanente com entidades ou órgãos públicos ou privados que atuem em áreas afins, para obtenção de elementos técnicos especializados necessários ao desempenho de suas funções;

IV — remeter anualmente ao Procurador-Geral de Justiça relatório das atividades do Ministério Público relativas às suas áreas de atribuições;

V — exercer outras funções compatíveis com suas finalidades, definidas em Ato do Procurador-Geral de Justiça, vedado o exercício de qualquer atividade de órgão de execução, bem como a expedição de atos normativos a estes dirigidos.

Nessa linha, o Centro de Apoio Operacional da Infância e da Juventude do Ministério Público do Estado de São Paulo, além de prestar apoio aos Membros da Instituição, estabelece intercâmbio entre o Ministério Público e entidades ou órgãos públicos e privados para aplicação efetiva e implementação do Estatuto da Criança e do Adolescente."

Fonte: *site* do Ministério Público do Estado de São Paulo, Centro de Apoio das Promotorias de Justiça da Infância e da Juventude.

O membro que quiser candidatar-se ao Conselho deverá ter idade superior a vinte e um anos, reconhecida idoneidade moral, e, necessariamente, de residir no mesmo Município onde tenha o *animus* de desempenhar suas funções.

Aos Conselheiros desse órgão, o exercício efetivo da função constitui serviço público relevante, uma vez que, para ser designado para a função, os candidatos devem preencher os requisitos elencados no art. 133 do Estatuto. Terá ainda assegurada prisão especial, em caso de prática de crime comum, isso até o julgamento definitivo (art. 135, ECA).

O processo de escolha dos membros do Conselho Tutelar será estabelecido em Lei Municipal e realizado sob a responsabilidade do Conselho Municipal dos Direitos da Criança e do Adolescente, e a fiscalização do Ministério Público (art. 139, ECA).

4.1.1.3. Dos impedimentos aos conselheiros

Por fim, vale mencionar as questões relativas aos impedimentos para servir no Conselho.

O art. 140 do Estatuto veda a possibilidade de que marido e mulher, ascendentes e descendentes, sogro e genro ou nora, irmãos, cunhados (durante o cunhadio), tio e sobrinho, padrasto ou madrasta e enteado, sirvam, simultaneamente, às funções do órgão. É a vedação ao nepotismo.

A regra desse artigo é taxativa e não exemplificativa, o que não nos traz muitas dúvidas. Ocorre, porém, que devemos destacar a finalidade buscada na aplicação desse preceito.

O legislador não quis evitar apenas que grupos familiares trabalhassem juntos. Como todos sabemos, nas relações interfamiliares, há particularidades as quais não devem servir de exemplo ou escopo para o cumprimento dos deveres preconizados no Conselho. Também não se pode contar com isso, pois certamente todas as condutas poderão estar viciadas com as atitudes daquele grupo, além de sofrerem interferências.

Os interesses que cercam a atividade do Conselho devem estar primordialmente desvinculadas dos conceitos morais e éticos de cada conselheiro, que apenas deve ater-se ao bem-estar do menor, sob todos os aspectos.

Os deveres devem ser cumpridos dentro da rigorosidade que a lei autoriza, sem que se perca o foco da função do órgão.

4.1.1.4. O papel que deve desempenhar o Município

Aos Municípios, por força do princípio da descentralização político-administrativa, insculpida no art. 204 da Constituição, foi delegada a função de elaboração da legislação sobre a instalação e a formação desse órgão, bem como execução e controle dos atos em defesa dos direitos da criança e do adolescente.

Portanto, *o Município tem a prerrogativa de estabelecer sua política e seus programas de atendimento a população infantojuvenil, através de lei municipal, e propor, discutir e resolver a situação desse atendimento em sua realidade comunitária, impedindo a ameaça e a violação dos direitos de suas crianças e adolescentes*[21].

Sendo assim, os próprios munícipes estão encarregados de resolver as questões e os problemas de sua região, o que facilita o entendimento de problemas e a busca de soluções, já que determinadas regiões concentram problemas parecidos, como a pobreza e a dificuldade de alcançar recursos, dada a diversidade social existente em nosso país.

O *modus operandi* do Município deve ser entendido:

a) Por meio dos agentes públicos, serão convocadas lideranças comunitárias, educadores, trabalhadores, dentre outras interessadas para que, após profundo estudo sobre o assunto, criem uma *Política Municipal dos Direitos da Criança e do Adolescente*, projeto esse a ser encaminhado ao órgão legislativo do Município, o qual ampliará o debate sobre o assunto;

b) Será também aprovada, nos moldes acima, a Lei Orçamentária do Município, cujo teor será a aprovação de previsão dos recursos necessários ao funcionamento do Conselho Tutelar, sendo dela a responsabilidade de sua manutenção e funcionamento; e

c) Delimitação dos termos da criação, da finalidade e das prerrogativas que serão exercidas pelo Conselho Tutelar.

Dessa forma, operacionalizando o Conselho nos termos da lei definida acima e estando em diálogo constante com os órgãos de retaguarda, como o Ministério Público, Polícias, Varas da Infância e da Juventude, dentre outros, o Município não só garante o apoio, a orientação e o encaminhamento dos menores e de seus pais, mas também ameniza os problemas sociais que giram em torno deles, quando não os resolve.

(21) LIBERATI, Wilson Donizeti; CYRINO, Públio Caio Bessa. *Adolescente e ato infracional*. São Paulo: Juarez de Oliveira, 2002. p. 139.

CAPÍTULO V

ROMPIMENTO DA FAMÍLIA E A SITUAÇÃO DA CRIANÇA E DO ADOLESCENTE

5.1. A situação jurídica do menor

Em consonância com o que dispõem a Constituição Federal vigente, o Estatuto da Criança e do Adolescente e o Novo Código Civil, ao instituir que o menor, nos processos judiciais em que é parte interessada (ação de separação ou divórcio), ou cujo direito é objeto da lide (ação de guarda ou fixação de prestação alimentícia), sempre haverá dispensa e prevalência do melhor, assegurando, "*com absoluta prioridade*, o direito à vida, à saúde, à alimentação, à educação, ao lazer, à profissionalização, à cultura, à dignidade, ao respeito, à liberdade e à convivência familiar e comunitária, além de colocá-los a salvo de toda forma de negligência, discriminação, exploração, violência, crueldade e opressão" (art. 227, *caput*, da CF/1988, grifo nosso). Seus direitos sempre prevalecerão sobre os demais.

Essa é a obrigação do Magistrado quando se vê diante de lide em que menores estejam envolvidos. *Enfim, o magistrado assume relevante papel quando se está em discussão o melhor interesse do menor, pois, além de aplicar a lei, deverá ser um pouco psicólogo, psiquiatra, sociólogo, assistente social e, sobretudo, pai, para que sua decisão possa suprir, na medida do possível, a negligência, ausência, irresponsabilidade e indiferença de muitos pais perante a sua prole*[1].

Daí, portanto, ser possível que, durante o trâmite de processo judicial no qual depare com menores sofrendo os reflexos das desavenças dos pais, intervir o Poder Judiciário para o fim de preservar a incolumidade dos filhos, remetendo-os à guarda provisória de familiares como os avós, inclusive para forçar aos pais o cumprimento de pena pela eventual infração ou omissão que possa ter ocorrido durante o exercício dos deveres familiares.

Dessa mesma forma, é o assentado entendimento do ministro Ruy Rosado de Aguiar que, com a excelência de ser um dos mais brilhantes argumentadores e interpretadores do Direito Privado, a mesma razão aduziu ao proferir o acórdão[2]

---

(1) *Ibidem*, p. 47.

(2) "AVÓ. GUARDA JUDICIAL. PREVALÊNCIA. INTERESSE. MENOR. Trata-se de avó de oitenta anos que pede guarda da neta que se encontra em sua companhia desde o nascimento. Os pais não se opõem e poderiam, com dificuldade, criar a filha numa situação mais modesta, devido a seus baixos salários e ainda sustentam outro filho. O Ministério Público com isso não concorda, pois os pais poderiam criá-las e a avó encontra-se em idade avançada. A Turma, ao prosseguir o julgamento, por maioria, deu provimento ao recurso nos termos

segundo o qual informa que o "(...) princípio orientador das decisões sobre a guarda de filhos é o da preservação do interesse da criança, que há de ser criada no ambiente que melhor assegure o seu bem estar físico e espiritual, seja com a mãe, com o pai, ou mesmo com um terceiro".

Por óbvio, diante do caso concreto, acertado ao magistrado promover as mais diversas diligências no sentido de propiciar ao Juízo conhecimento sobre a vida dos familiares, seja por meio do estudo psicológico, seja de outra forma, desde que à lide fiquem esclarecidos fatos relevantes ao deslinde do processo.

5.1.1 A criança e o adolescente com pais separados: a responsabilidade relativa à guarda

Não menos importante é o assunto relativo à guarda. Os menores, quando envolvidos na separação ou no divórcio dos pais, não devem deixar de receber cuidados materiais e afetivos, como amor, educação e, principalmente, as respostas aos conflitos gerados em suas mentes.

Esse rompimento, se conduzido de maneira ofensiva aos filhos, acaba tendo a guarda conduzida como um dos pontos a ser fixado na decisão do divórcio, providência que o magistrado deve promover diante de diligência cautelosa, dada a vital importância do assunto.

Veja-se que, no art. 1.584 do Novo Código Civil, os filhos ficarão com o cônjuge que tiver melhor condição de exercê-la. Isso, repita-se, porque *o melhor interesse da prole é o que deve prevalecer*, sendo a culpa da separação fato irrelevante à indicação do guardião.

Anteriormente, quando da vigência da derrogada Lei n. 6.515/1977, a preferência da guarda era da mãe. A legislação atual resolveu reconhecer que alguns genitores também têm socioafetividade, o que lhes possibilitaria o exercício da guarda, independentemente de culpa ou não na ruptura familiar.

Nossa legislação não arrolou *numerus clausus,* o que vem a ser ou não ambiente adequado ao menor colocado em guarda com um dos pais. Aceitou, sim, a possibilidade de que os pais possam entrar em um consenso para decidir quem tem mais condições de fazê-lo e, admitida a eficiência e a disponibilidade de um deles, seja homologada pelo magistrado.

Ocorre que, na grande maioria dos casos, o que se vê é o rastro de culpa e de frustrações que os cônjuges sentem entre si, causando discórdia até sobre a guarda de seus filhos, prejudicando a prática de uma sadia educação.

---

do voto do Min. Relator – que invocou a jurisprudência e o art. 33 do ECA no sentido de que prevalece o interesse da criança no ambiente que melhor assegure seu bem estar, quer físico, quer moral, seja com os pais ou terceiros." (REsp 469.914-RS, DJ 5/5/2003. REsp. 686.709-PI, Rel. Min. Humberto Gomes de Barros, julgado em 28/6/2006)

E não deveria ser assim. Os filhos serão sempre responsabilidade de ambos os pais, salvo a ausência de um deles.

A guarda apenas indica que um dos pais realizará a administração e proverá a educação do menor, sem que isso impeça o outro de colaborar com o mesmo, e desde que o faça sem atrapalhar ou causar prejuízo àquele que detém a responsabilidade e o faz corretamente.

O objetivo é a regularização de posse do menor, indicando quem exercerá o poder familiar (se o pai, a mãe ou alguém designado para esse fim), sem interferências maléficas ou tormentosas. Casualmente, a guarda será destinada para colocação do menor em família substituta (item 4.1.4.1.1.) ou, ainda, para atender às situações peculiares como a internação temporária dos pais alcoólatras em instituição médica de recuperação.

Para tanto, e em atendimento ao único diploma legal que assim dispõe, o menor será ouvido, *sempre que possível*. Isso pode ser verificado pela leitura e pela análise do art. 28 do ECA, especificamente em seu § 1º, que dispõe que "sempre que possível, a criança ou adolescente deverá ser previamente ouvido (...) e a sua opinião devidamente considerada".

Diante disso, pela similaridade e pela compatibilidade dos institutos, reforçada a tese de que o menor deve sim ser ouvido quando as causas judiciais versem sobre seus direitos, ainda que indiretamente – como é o caso da separação ou do divórcio –, não se pode admitir que os menores fiquem excluídos da formação do convencimento do Juízo.

Excetuam-se, por óbvio, aqueles casos em que não há necessidade da oitiva ou pelo consenso dos pais ou porque há risco de danos ou prejuízos morais ou psíquicos aos menores. Esses tópicos serão analisados detidamente nos itens 5.1.4.2 e seguintes.

Por fim, insta suscitar que, certamente por um lapso, o legislador foi contraditório quando dispôs, no art. 45 do mesmo diploma, que seria adotado critério de idade e não de discernimento para que o menor pudesse ser ouvido em juízo.

O art. 45, que dispõe sobre adoção, é uma das formas de colocação de menores em família substituta:

> Art. 45. A adoção depende do consentimento dos pais ou do representante legal do adotando. (...)
>
> § 2º Em se tratando de adotando *maior de doze anos de idade, será também necessário o seu consentimento.* (grifo nosso)

Veja que não parece coerente e similar à prática oferecida no Estatuto que em determinadas situações o menor seja ouvido e, em outras, sua opinião não seja considerada.

Para os fins do presente trabalho, defende-se idônea e razoável a tese de que o menor deve, *sempre que necessário e possível*, ser ouvido para complementação do convencimento racional do magistrado, seja para definição de quem exercerá a guarda do menor, seja para qualquer das formas de colocação em família substituta.

O menor tem características que podem auxiliar o magistrado na sua formação de convencimento, pois, na grande maioria dos casos, é verdadeiro, não tendo condições de apontar ou admitir aquilo que não seja real, ficando notório quando está sendo influenciado por um dos pais.

É capaz, ainda, de apontar detalhes falhos da conduta de cada um dos pais, pois sua fragilidade e sua necessidade acabam por detectar os pontos mais relevantes à sua condição sadia e tranquila.

5.1.2. A guarda compartilhada

Os pais são integralmente responsáveis por toda a formação emocional e a intelectual dos filhos. Essa ideia está sedimentada desde a promulgação da Constituição Federal de 1988, conforme se depreenda da leitura dos arts. 5º, 227 e 229:

> Art. 5º Todos são iguais perante a lei, sem distinção de qualquer natureza, garantindo-se aos brasileiros e aos estrangeiros residentes no país a inviolabilidade do direito à vida, à liberdade, à igualdade, à segurança e à propriedade, nos termos seguintes: (...)
>
> Art. 227. É dever da família, da sociedade e do Estado assegurar à criança e ao adolescente, com absoluta prioridade, o direito à vida, à saúde, à alimentação, à educação, ao lazer, à profissionalização, à cultura, à dignidade, ao respeito, à liberdade e à convivência familiar e comunitária, além de colocá-los a salvo de toda forma de negligência, discriminação, exploração, violência, crueldade e opressão. (...)
>
> Art. 229. Os pais têm o dever de assistir, criar e educar os filhos menores, e os filhos maiores têm o dever de ajudar e amparar os pais na velhice, carência ou enfermidade.

Os direitos dos filhos e os deveres dos pais no Estatuto da Criança e do Adolescente também vêm descritos de forma clara, relacionando prerrogativas amplas, em especial nos artigos abaixo:

> Art. 3º A criança e o adolescente gozam de todos os direitos fundamentais inerentes à pessoa humana, sem prejuízo da proteção integral de que trata esta lei, assegurando-se-lhes, por lei ou por outros meios, todas as oportunidades e facilidades, a fim de lhes facultar o desenvolvimento físico, mental, moral, espiritual e social, em condições de liberdade e de dignidade

(...)

Art. 15. A criança e o adolescente têm direito à liberdade, ao respeito e à dignidade como pessoas humanas em processo de desenvolvimento e como sujeitos de direitos civis, humanos e sociais garantidos na Constituição e nas leis. (...)

Art. 21. O pátrio poder será exercido, em igualdade de condições, pelo pai e pela mãe, na forma do que dispuser a legislação civil, assegurado a qualquer deles o direito de, em caso de discordância, recorrer à autoridade judiciária competente para a solução da divergência.

Art. 22. Aos pais incumbe o dever de sustento, guarda e educação dos filhos menores, cabendo-lhes ainda, no interesse destes, a obrigação de cumprir e fazer cumprir as determinações judiciais.

Da mesma forma, no Novo Código Civil Brasileiro, foram discriminados direitos e deveres relativos ao poder familiar e à guarda dos filhos (arts. 1.579, 1.583, 1.630, 1.632, 1.634).

Em suma, esses artigos relatam e determinam que os pais não modifiquem o tratamento dispensado aos filhos, em qualquer situação; que a guarda poderá ser acordada da melhor forma aos menores; que os filhos estão sujeitos ao poder familiar enquanto menores, bem como regra a forma de exercício do poder familiar.

Nesta esteira, poder-se-ia questionar acerca da viabilidade e da legalidade da guarda compartilhada, partindo do pressuposto de que o legislador não tratou desse assunto claramente. Deixou apenas aos pais a possibilidade de acordarem sobre a guarda, mas não taxou a necessidade de que a apenas um deles essa "obrigação" pairasse.

A combinação e a interpretação dos dispositivos citados acima acabam culminando na conclusão de que a providência do sustento, da guarda, da educação, dentre outras, é dos pais integralmente, e não de um deles exclusivamente.

Esse assunto advém dos entendimentos dos Tribunais que, primando pela união entre filhos e pais, acabou solidarizando essa responsabilidade, antes tão pragmatizada como sendo de incumbência da mãe.

A Declaração Universal dos Direitos da Criança dispõe em seu art. 9º que "a criança tem o direito de viver com um ou ambos os pais, *exceto* quando se considere que isto é incompatível com o interesse maior da criança". E, ainda, que "a criança que esteja separada de um ou ambos os pais tem o direito a manter relações pessoais e contato direto com ambos os pais".

Podemos, portanto, concluir que há direitos e deveres iguais atribuídos aos pais, que os devem exercer paralela e solidariamente as prerrogativas asseguradas aos menores.

E também não deve ser objeto de questionamento ou de excrescências pessoais se a moradia do menor será junto do pai ou da mãe. Àquele genitor a quem o poder familiar foi incumbido o exercício periódico, vai conviver com o outro, não tendo mais ou menos responsabilidade do que aquele que, em apenas determinadas circunstâncias, vai estar presente. Isso pelo simples fato de que a moradia pode ser dividida entre os pais, de modo que os filhos passem temporadas com cada um deles, ou ainda, sempre que possível e da forma mais viável, os filhos alternem suas companhias. O ideal é que cada um dos pais deve contribuir ainda, e se for o caso[3], com prestação alimentar, variando de acordo com a necessidade de cada um.

O argumento prestado tanto pela doutrina, como pela jurisprudência deve-se à conclusão lógica de que a convivência harmoniosa com ambos os pais é fundamental para a construção da identidade social e subjetiva dos filhos, que se tornam psiquicamente equilibrados para viver em sociedade e em família.

Ressalte-se, por fim, que os pais conjuntamente serão responsáveis pela educação, pela guarda e pela assistência dos filhos, sem que para isso haja necessidade da fixação de um regime de visitas rígido. Os filhos terão respeitados seus direitos à privacidade, assim como os pais, que sempre primarão pela convivência sadia e harmoniosa entre si.

Nessa situação, acertada é a providência de retirar o vocábulo jurídico *visitas* do contexto, para denominarmos a relação entre os filhos e os pais como sendo *convivência*.

5.1.3. O dever de prestar alimentos

O dever de prestar alimentos é regido pelo princípio da *solidariedade familiar*, cujo fundamento é constitucional-civil, quando analisados conjuntamente os dispositivos atinentes ao caso (arts. 226 e 227 da CF/1988 c/c arts. 1.696 e 1.697, do Código Civil).

O Estatuto também assegura aos menores o mesmo direito quando, em seu art. 4º, dispõe que é "dever da família, da comunidade, da sociedade em geral e do poder público assegurar, com absoluta prioridade, a efetivação dos direitos referentes à vida, à saúde, *à alimentação, à educação, ao esporte, ao lazer, à profissionalização, à cultura, à dignidade*, ao respeito, à liberdade e à convivência familiar e comunitária" (grifo nosso).

Porém, a realidade é muito diversa dessa.

O Poder Judiciário acaba, por diversas vezes, sendo palco de inúmeros confrontos judiciais que, na grande maioria, apenas refletem a clemência de menores para que seus pais colaborarem com sua subsistência.

---

(3) Essa peculiaridade depende do consenso dos pais ou de fixação em sentença judicial, considerado o binômio necessidade *versus* possibilidade.

As relações familiares degradam-se dia a dia, disseminando mais e mais discórdia entre os pais, em especial quando recepcionado um mandado de citação com a fixação de alimentos provisionais.

O abandono dos filhos, a procriação desregrada, a falência conjugal colaboram efetivamente pra isso.

O que deve ser sopesado entre os pais é a violenta afronta ao princípio da dignidade da pessoa humana, que assegura indiscutivelmente a assistência aos filhos carecedores de tal prestação.

Alhures foi mencionado que a dignidade da pessoa humana é condição máxima e indissociável da sobrevivência do menor em sociedade, a quem devem ser garantido todos os direitos enumerados no art. 227 da Constituição Federal.

Ademais, a própria Lei Civil regulou sobre a forma e a proporção do arbitramento dos alimentos, apontando que "podem os parentes, os cônjuges ou companheiros pedir uns aos outros os alimentos de que necessitem para viver de modo compatível com a sua condição social, inclusive para atender às necessidades de sua educação" (art. 1.694, CC/ 2002).

E, ainda, que o direito "à prestação de alimentos é recíproco entre pais e filhos, e extensivo a todos os ascendentes, recaindo a obrigação nos mais próximos em grau, uns em falta de outros" (art. 1.696, CC/2002).

Veja-se que os dispositivos acima colacionados sugerem dois esclarecimentos de vital importância:

O primeiro deve-se ao fato de que a prestação será devida em parâmetros distintos ao culpado ou não da ruptura familiar. Em segundo lugar, deve-se destacar a natureza de cada uma das verbas que decorrem do apontamento da culpa.

Com relação à culpa ou não de quem provocou ou deu causa a essa situação, certamente não poderá o magistrado, ao arbitrar o *quantum*, prejudicar o menor.

Isso é de suma importância ser destacado, pois poderemos estar diante de situações em que, desapercebidamente, venha o Juízo a arbitrar alimentos ao ex-cônjuge, sustentando como seu fundamento a culpa de um deles, esquecendo-se de que, nessa situação; temos o envolvimento de menores que não terão – por certo – culpa pela separação dos pais.

Daí ressaltar que o disposto no § 2º do art. 1.694 seja aplicado com a devida *venia* pelos Tribunais, restringindo os efeitos apenas ao culpado pela ruptura, e não aos filhos menores, que não podem ser contemplados pelas desventuras dos pais.

Em segundo lugar, a natureza da prestação deve ter sua análise esmiuçada, para classificá-la em natural ou civil.

Os *alimentos naturais* estão relacionados à manutenção das necessidades básicas do menor, como alimentação, vestuário e educação; diferentemente dos *alimentos civis*, que se prestam à manutenção das necessidades da pessoa que não deu causa à ruptura familiar, digna, portanto, de perceber recursos suficientes para manter a condição de vida havida quando reunida pelo vínculo do matrimônio. São situações bem antagônicas e que, certamente, não podem ter aplicado seus reflexos particularmente aos menores.

O fundamento dessa assertiva é justo: não se pode autorizar que o magistrado, ao fixar os alimentos, o faça de forma única, de modo a englobar a parte que cabe aos menores e ao ex-cônjuge. Deve providenciar o julgador a menção do *quantum* de cada parte, a fim de que sobre o menor a culpa de que trata do Código Civil não reflita jamais.

Os direitos das crianças e dos adolescentes, esclarecidamente preconizados na Constituição e no Estatuto, mesmo sendo integrantes e agregados à vida familiar, não poderão sofrer os reflexos da relação entre seus pais, por vezes tumultuada e ressentida.

As necessidades básicas e essenciais dos menores devem ser garantidas, afastando os julgadores prontamente do quinhão, montante relativo ao cônjuge com ou sem culpa.

E isso tem reflexos ainda mais expressivos.

Imaginemos a situação futura em que a pensão alimentícia venha a tornar-se exacerbada ao alimentante ou, ao contrário, *aquém* das necessidades dos menores alimentados.

Uma ação de cunho revisional[4] certamente poderia ter a análise de seu mérito prejudicada, por óbvio porque ao magistrado, que agora ocupa a função de dirimir a lide, restará dúvidas acerca do quinhão de cada um (dos menores e do ex-cônjuge).

O que pode ser demais ao ex-cônjuge, pode não ser aos menores, providências essas que demandarão provas a serem contrastadas com o valor oportunamente fixado.

Adiante ainda, não devemos debruçar análise apenas ao binômio *necessidade* x *possibilidade*, mas sim ao *trinômio*, que engloba aos anteriores o elemento *proporcionalidade*, estes que serão relevados quando da fixação da parcela de colaboração para criação dos filhos.

O motivo pelo qual precisamos incluir a proporcionalidade como elemento justificador do arbitramento de alimentos é facilmente justificado.

---

(4) Art. 1.699. Se, fixados os alimentos, sobrevier mudança na situação financeira de quem os supre, ou na de quem os recebe, poderá o interessado reclamar ao juiz, conforme as circunstâncias, exoneração, redução ou majoração do encargo (Código Civil de 2002).

Imaginemos a situação em que os alimentos foram requeridos para uma determinada finalidade. Em sede de ação de revisão de alimentos, facilmente se inibe a discussão acerca da referência a que os alimentos se prestam, pois as partes já têm conhecimento do *quantum* e de sua destinação, não podendo, simplesmente, negar-se a prestá-lo. E ainda que essa verba seja atribuída proporcionalmente a cada parte, deve arcar esse com o ônus na exata proporção de suas condições financeiras sem, para isso, precisar abster-se de prestar esse compromisso constitucional com o menor.

E não é demais destacar a conclusão do jurista Juliano Spagnolo[5], quando menciona que "o julgador deve se ater ao princípio da dignidade da pessoa humana no momento da decisão referente ao *quantum* alimentar, pois a fixação aquém do mínimo necessário à sobrevivência do alimentando ofende frontalmente o princípio da dignidade da pessoa humana".

E, ainda, "que a fixação da verba alimentar de forma exacerbada, além das possibilidades econômico-financeiras do devedor, também ofende o princípio da dignidade da pessoa humana, pois o alimentante não poderá prover alimentos de modo que ele próprio não os tenha para sua própria subsistência, uma vez que em ambos os casos há de ser respeitado o binômio necessidade/possibilidade".

5.1.4. Do direito da criança de manifestar-se quanto à regulamentação de visitas: da pesquisa social ao testemunho

5.1.4.1. A verdade real e o livre convencimento do magistrado

Em se tratando da formação do convencimento e do conjunto probatório do processo, o Juízo tem uma série de possibilidades de sedimentá-lo.

Em processo civil, área do Direito subsidiária e em quem se socorre o Direito de Família, vige o princípio da *verdade real* que, apesar de não poder ser considerada absoluta, deve chegar o mais próximo possível da realidade que cerca o menor.

Isso, justificadamente, se posiciona como correto, dada a necessidade de que aos autos sejam trazidas informações, angariadas das mais variadas formas, já que os direitos aqui versados são indisponíveis e fundamentais. Trata-se do futuro dos menores, muitas vezes estrangulados pela sociedade desigual e desacreditada na qual vivemos.

Seria descabido assumir a mesma filosofia do direito processual penal, que admite a verdade formal, sustentando que *o que não está nos autos, não está no mundo*[6]. Agir dessa maneira seria o mesmo que ignorar a realidade dos filhos, abandonarmos o senso de igualdade e de Justiça!

---

(5) SPAGNOLO, Juliano. *Tendências constitucionais no direito de família*: estudos em homenagem do professor José Carlos Teixeira Giorgis. Porto Alegre: Livraria do Advogado, 2003. p. 152.

(6) CAPEZ, Fernando. *Curso de processo penal*. 13. ed. rev. atual. São Paulo: Saraiva, 2006. p. 23.

Porém, é evidente também que às partes incumbe o dever de procurar provar a existência ou não dos fatos alegados na pretensão deduzida no processo, demonstrando, portanto, a justificativa de cada um de seus pedidos. Ao juiz, determinar a realização, mesmo que de ofício, das provas necessárias ao deslinde do feito; essas que, tanto das partes, quando do juízo, não podem ter caráter protelatório e/ou inútil (art. 131 do CPC).

Ao lado do princípio da verdade real, vige o princípio do livre convencimento, ou seja, para o magistrado não poderá prevalecer qualquer um dos meios de prova ofertados pelas partes, mas sim, devem ser avaliados os elementos trazidos por esses meios probatórios, a fim de corroborarem na formação de sua linha de raciocínio, que será motivada e fundada em fatos muito próximos da realidade.

Isso significa que, ao apreciar o pedido de realização de prova feito pelas partes, o magistrado pode deferi-lo ou não, pois tem a prerrogativa de avaliar a real necessidade de sua realização. Da mesma forma, pode determinar que um ou outro seja a realização como meio de alcançar a verdade sobre o objeto da lide. Por fim, angaria as informações trazidas com a realização das provas, e forma seu convencimento para julgar o processo.

Sendo assim, todas as vezes que o magistrado encontrar-se diante da necessidade de serem produzidas provas não requeridas pelas partes, deve fazê-lo de ofício, sob pena de preterir ou desfavorecer o menor, sobre quem o interesse deve prevalecer em qualquer situação.

Ademais, deve o Judiciário buscar o esmiuçamento de todas as situações apresentadas pelas partes, sem ignorar outras que surjam no decorrer do processo, em especial aquelas originadas da determinação do próprio julgador.

5.1.4.2. Da realização do estudo social

Além de todos os meios de prova que se admite no Direito (art. 332 do Código de Processo Civil), pode também o magistrado lançar mão da realização do *estudo social*, que nada mais é do que uma forma de pesquisar pontual e profundamente o menor, sua família e seus integrantes.

Na verdade, esse meio de prova não vem explícito nas leis civil ou processual, mas é importante lembrar que é moral, legítima e licitamente uma forma de se buscarem informações sobre a realidade social do menor e de sua família. Ademais, os arts. 150 e 151[(7)], ambos do ECA, criaram a figura da *equipe interprofissional*, ou seja, um grupo de pessoas formadas em outras áreas, capacitadas aos estudos psicológico, médico, emocional, dentre outros, do menor e de

(7) Art. 151. Compete à equipe interprofissional dentre outras atribuições que lhe forem reservadas pela legislação local, fornecer subsídios por escrito, mediante laudos, ou verbalmente, na audiência, e bem assim desenvolver trabalhos de aconselhamento, orientação, encaminhamento, prevenção e outros, tudo sob a imediata subordinação à autoridade judiciária, assegurada a livre manifestação do ponto de vista técnico.

seus familiares, fundado no receio de que o Poder Judiciário pudesse ser injusto ao decidir por algo não condizente com a verdadeira realidade da criança e do adolescente, por vezes, ou omitida pelas partes nos processo, ou não alcançada em outros meios de prova.

Ademais, devemos trabalhar com o fato de que ao julgador, por vezes, fica inviável absorver informações das partes em apenas uma audiência, assim como descobrir as omissões nas entrelinhas de seus depoimentos, já que o excesso de oitivas atolaria, de vez, os trabalhos do Judiciário.

Ressalte-se, ainda, que a especialidade do Judiciário também não é sensível a determinados problemas, como aos psicológicos. Daí vislumbrar-se a necessidade de apoio técnico especializado.

> *O objetivo da pesquisa social é obter o maior número possível de informações sobre a situação material e moral da família, sobre as condições em que vive e são educados os filhos e sobre as medidas que se fazem necessárias tomar no interesse deles*[8].

E veja-se que não se presta apenas a isso. O art. 151 do mesmo diploma legal reservou importantes funções para essa equipe, na medida em que a encarregou da atribuição de "desenvolver trabalhos de aconselhamento, orientação, encaminhamento, prevenção e outros, tudo sob a imediata subordinação à autoridade judiciária".

Todo o material e as informações que são colhidos pelos profissionais são levados ao conhecimento dos autos por meio de laudos anexados ao processo, e servirão suas informações como elementos de apreciação do magistrado que pode, com mais certeza, prever as necessidades do menor, sempre fundado no seu interesse, que é aquele que deve prevalecer.

Relembremo-nos, novamente, do princípio da proteção integral, já discutida no presente trabalho, e que deve ser dispensado aos menores:

> A ênfase que se dá à proteção integral é pertinente, pois não se pode pensar no menor apenas como alguém que precisa ser alimentado pra sobreviver, como um simples animal. E deveras importante atentar para o seu desenvolvimento psíquico e psicológico.

A questão da liberdade psíquica da criança e do adolescente é deveras relevante. Está intimamente ligada à dignidade. É um aspecto que deve ser visto com todo o cuidado, não somente na colocação em família substituta, mas também nos casos de guarda dos filhos e do direito de visitas[9].

---

(8) LEITE, Eduardo de Oliveira. *Famílias monoparentais*: a situação jurídica de pais e mães separados e dos filhos na ruptura da vida conjugal. 2. ed. revista, atualizada e ampliada. São Paulo: Revista dos Tribunais, 2003. p. 204.

(9) PAULA, Paulo Afonso Garrido de. *Direito da criança e do adolescente e tutela jurisdicional diferenciada*. São Paulo: RT, 2002. p. 5.

É verdade também que haverá casos em que apenas a oitiva das partes, dos documentos e dos laudos técnicos não possam dirimir as dúvidas dos magistrados. Mas teremos, certamente, outra oportunidade, como na oitiva dos próprios menores, como veremos adiante.

5.1.4.2.1. Da impugnação ao parecer apresentado pela equipe interprofissional

Não deve assombrar ninguém o fato de, muitas vezes, estarmos diante de pareceres ou laudos das equipes interprofissionais que não condizem exatamente com a realidade relatada pelas partes.

E isso é comum. Porém, resta-nos saber o porquê dessa vulnerabilidade, que não poderia ser causa de tanto reboliço nos processos cujo interesse deve prevalecer sempre: os que envolvam menores.

A condição que o Poder Judiciário de hoje oferece aos litigantes, na grande maioria dos casos, é precária. Se não se deve à falta de juízes, certamente será pela morosidade extensiva e quase irreversível diante da situação social que vive nosso país.

Ainda que inserido pela Emenda Constitucional n. 45/2004, o inciso LXXVIII no art. 5º da Constituição, que preconiza a celeridade no trâmite de processos, não é isso o que acontece, haja vista a necessidade da aplicação e da efetivação dos direitos para garantir a dignidade humana.

Ademais, vejamos outros problemas além do atolamento de trabalhos que o Judiciário possui.

Os profissionais dessas equipes muitas vezes preferem marcar entrevistas com as partes (pais, tutores e/ou familiares) em vez de irem a suas casas sorrateiramente, o que parece apropriado dependendo da causa discutida nos litígios.

O laudo, escrito e elaborado solitariamente pelos próprios profissionais, é redigido, na quase totalidade dos casos, após o término da "entrevista", sem que o responsável o rubrique, sem que possa se certificar a condição de validade que merecia receber.

Dessa forma, a parcialidade do laudo apresentado no processo fica maculada e passível de anulação, posto que muitas vezes é apresentado sem o fidedigno depoimento do entrevistado, que pode ter interpretadas suas alegações de forma diferente da qual gostaria que constasse no processo.

No mais, pequenas informações, por vezes, mudam o rumo de um lide e certamente deveriam constar nas entrevistas.

Precisamos levar em consideração que a opinião profissional daquele cuja função é a de prestar assistência ao magistrado sobremaneira deve vir aos autos para que possa o Juízo contar com apoio técnico para dirimir questões que não fazem parte de sua formação.

Mas outras informações certamente importantes para formação do convencimento do magistrado também deveriam vir acostadas na forma de depoimentos, no próprio laudo, de maneira a proporcionar mais informações para resolução da questão litigiosa.

No caso de o parecer oferecido pelo profissional ter sido reduzido a termos diferentes daqueles prestados, certamente caberia à parte prejudicada requerer a designação de outro profissional para realização de um novo estudo, além de, para o caso de esse pleito ser negado, haver o direito de interpor de recurso de agravo, na forma de instrumento, nos moldes do art. 522 do Código de Processo Civil.

Dessa forma, nada mais óbvio que dispensar ao processo prudência e diligência na sua condução.

Certamente seria mais justo e inquestionável que qualquer investigação que contasse com a transcrição *in totum* de como foram prestadas as informações e as declarações pelas partes ou por terceiros e, seguidamente, em documento apartado, colacionado aos autos o parecer e conclusão do profissional designado para a investigação psicológica.

5.1.4.3. Da prova testemunhal dos menores

Se apenas o estudo social não se mostrar suficiente ao convencimento do juízo, ou como fato conclusivo de como devem ser decididas as questões suscitadas no curso do processo, atente-se à terceira possibilidade de solução do litígio, que é o *testemunho da criança ou do adolescente*.

Essa forma de esclarecimento de questões controvertidas no processo deve ser levada em consideração, qualquer que seja a idade do menor, apesar de considerarmos que, em alguns casos, pode ser medida extrema.

Os sentimentos dos menores podem ser colhidos pelo Juízo sempre que entre os pais não houver qualquer forma de acordo ou, ainda, quando o magistrado entender que não supervirão prejuízos às integridades moral ou psíquica deles.

Imagine a situação em que o menor se encontra traumatizado pela separação dos pais ou, ainda, pela situação constrangedora a que foi submetido durante a convivência com sua família. Para alguns doutrinadores, essa forma de prova seria vulnerabilizá-lo ainda mais[(10)].

Ao nosso ver, assim como para outros juristas[(11)], dentre eles Eduardo de Oliveira Leite, essa providência é favorável ao deslinde do processo, mormente porque possibilita ao menor a manifestação de sua opinião sobre algo que, muito certamente, lhe diz respeito.

---

(10) Cf. Le monde de l'education. In: *Les enfants du divorce, avril/1982*. *Op. cit.*, p. 206.

(11) Cf. RAPPORT PELLETIER. Rapport sur la garde des enfants du divorce, mar.1981, *Op. cit.*, p. 207.

É uma forma de garantir que o menor tenha sua estabilidade psicológica preservada, já que o magistrado sempre buscará ouvi-lo para compreender suas necessidades e seus pontos de vista. E, ainda, para definir pontos cruciais de formação do convencimento racional a fim de decidir, por exemplo, de quem será a guarda do menor.

Para justificar essa conduta, mister se faz que pontos de fundamental relevância sejam esclarecidos.

Primeiramente, devemos levar em consideração que o estudo social pode não ter sido suficiente ao esclarecimento do Juízo. Esse ponto, já pesquisado por José Maria Mayrink(12) e Antonio Cezar Peluso(13), concluiu que vários Desembargadores do Tribunal de Justiça de São Paulo preferem ouvir os menores se, ainda depois da fase probatória do processo, permanecerem indecisos.

É nada mais do que a evolução do Direito de Família. A sociedade não é a mesma. Os menores crescem e evoluem para o mundo mais cedo, seja pela "necessidade" de sobreviverem, seja pela introdução de alertas na educação recebida dos pais.

Por óbvio, portanto, não poderíamos admitir uma idade limite para que essa oitiva fosse realizada. Tudo certamente dependerá da maturidade e da capacidade de discernimento do menor, circunstância que deveria ser aduzida nos termos do estudo social.

Eduardo de Oliveira Leite explica o que seria discernimento para o legislador e o julgador modernos, citando um trecho da obra de Brunetti-Pons, haja vista que esse termo jamais fora antes invocado ou utilizado para esse fim:

O discernimento, segundo Brunetti-Pons, "é a aptidão de distinguir o bem do mal. Não há idade precisa para fixar o momento a partir do qual uma criança tem discernimento. Esta idade existe, em geral, sempre acima de 15 (quinze) anos e jamais abaixo de 4 (quatro) anos. Entre as idades intermediárias, dos 4 (quatro) aos 15 (quinze) anos, tudo é questão de espécie e varia conforme as crianças, o contexto, etc. O discernimento deve ser apreciado in concreto, em função, notadamente, da idade, do grau de maturidade da criança e de sua faculdade de compreensão. É necessário também levar em consideração as circunstâncias da causa e a natureza do litígio: a criança pode dispor de um discernimento suficiente relativamente ao exercício de um direito de guarda, de visita ou de companhia, mas não relativamente a um litígio que tratasse sobre seus direitos patrimoniais".(14)

---

(12) MAYRINK, José Maria. *Filhos do divórcio*. São Paulo: EMW, 1984. Capítulo 6.

(13) PELUSO, Antonio Cezar. O menor na separação. In: *Repertório de jurisprudência e doutrina sobre direito de família*: aspectos constitucionais, civis e processuais. São Paulo: RT, 1993. v.1, p. 20-41.

(14) *Op. cit.*, p. 210, mencionando trecho do texto "Lê droit du duvorce", de Clotilde Brunetti-Pons. In: *Droit de l'enfance et de la famille*, p. 157.

O esclarecimento de suas vontades, suas opiniões e seus anseios, por certo, amenizaria ao Juízo o proferimento de alguma decisão, pois não haveriam tantas chances de errar ou de ser injusto.

Devemos apenas nos atentarmos ao fato de que o precedente do testemunho de menor não pode servir de base para a punição de um ou de ambos os pais, e até mesmo da criança, já que servirá apenas para aquela situação em que o magistrado ainda esteja diante de dúvidas ou necessite de mais esclarecimentos formadores de seu convencimento.

E, ainda, nenhuma forma de constrangimento ou de prejuízo à moral da criança ou do adolescente pode ser causada. Estaremos diante de casos em que os elementos colacionados no processo serão sopesados e avaliados de forma a, não havendo solução alternativa, ser determinada a oitiva deles. Portanto, nenhum caráter obrigatório, apenas consciência e ponderação.

A terceira questão a ser esclarecida atém-se aos modos e meios como o testemunho dos menores poderá ser conduzido. Recordando os conceitos de imparcialidade, o magistrado jamais poderia arguir do menor se tem preferência pelo pai ou pela mãe. Não pode ser instado a escolhas ou reflexões. Devem, sim, ser da criança ou do adolescente absorvidas informações sobre determinadas situações, momentos vividos que tenham sido gratificantes ou não, edificantes ou não, ou seja, reveladores da real situação, do modo como ele os entender, se ruins ou não. Isso pode garantir a concessão da guarda em privilégio do interesse do menor.

O tato do magistrado deve ser grande, a ponto de não perturbar a criança ou deixá-la constrangida. A companhia dos pais para tal providência pode ser dispensada caso estes estejam alterados a ponto de colocar em risco a diligência que a situação exige.

Da oitiva encarrega-se o juiz, devendo, necessariamente e para a imparcialidade das alegações, ser acompanhada de um representante do *parquet* e de um membro da equipe interprofissional que, pelo interesse privilegiado do feito, devem opinar após o testemunho.

Por oportuno, é importante lembrarmos que no Brasil, apesar de a legislação que trata do assunto não ter previsto essa forma probatória, vige regra que autoriza referida providência. Trata-se do Decreto Legislativo n. 28/1990, que insere no contexto legal a Convenção Internacional dos Direitos da Criança (Decreto n. 99.710/1990).

O art. 12 do referido Decreto aponta:

> Os Estados Partes assegurarão à criança que estiver capacitada a formular seus próprios juízos o direito de expressar suas opiniões livremente sobre todos os assuntos relacionados com a criança, levando-se devidamente em consideração essas opiniões, em função da idade e maturidade da criança.

E, ainda, no tópico 2 do mesmo artigo:

> 2. Com tal propósito, se proporcionará à criança, em particular, a oportunidade de ser ouvida em todo processo judicial ou administrativo que afete a mesma, quer diretamente quer por intermédio de um representante ou órgão apropriado, em conformidade com as regras processuais da legislação nacional.

Sendo assim, nenhuma imprudência estará cometendo o julgador precavido que, por estar ressabiado quanto à decisão que vai proferir, e ponderando pelo melhor interesse no menor, busca, por meio de seu testemunho, mais elementos e informações trazidas sob o seu ponto de vista.

CAPÍTULO VI

AS FAMÍLIAS MONOPARENTAIS E SUA SITUAÇÃO NO CONTEXTO DO MENOR

Antes mesmo de analisar o contexto do menor frente a essa forma de família, devem-se conhecer os modos de formação.

A maneira mais antiga de formação das famílias monoparentais encontra-se na viuvez, do homem ou da mulher, em que há descendentes que se mantêm sob os cuidados do cônjuge sobrevivente. Ainda assim, esse meio tem sido menor em relação a outros fatores surgidos após a década de 1980.

Outro fator que determina a formação de famílias monoparentais é a separação judicial e o divórcio, sendo considerado um dos principais fatores.

O maior dos problemas na vida do menor inicia-se quando se dá a separação dos pais. Entre os adultos surge, por óbvio, o conflito de interesses supervenientes da insuportabilidade da união ou da situação extraconjugal que foi gerada. Isso, ainda que suavemente, acaba influenciando na vida dos filhos.

Não é desconhecido à sociedade também que muitos doutrinadores, como Cristiane Flôres Soares Rollin, apostam na falência matrimonial como fato social que culmina na formação, mais e mais vezes, de famílias monoparentais.

Essa tendência que, nos dias atuais, se mostra cada dia mais reforçada, tem como justificativa o entendimento da sociedade moderna de que a dissolução do casamento é um fato normal e, em certas situações, previsível, assim como a ideia de que não é necessário o casamento para que o homem ou a mulher se realize afetivamente e seja feliz.

Essa mudança de concepções desencadeou o aumento de famílias monoparentais formadas por homens ou mulheres, que, consecutivamente à separação, passaram a cuidar de seus filhos.

Entretanto, apesar de saber que alguns homens tendem a buscar efetivar sua função paterna, ainda predomina, na sociedade, a ideia de que a criança ou o adolescente permanecem melhor com a mãe, o que significa dizer que a maioria das famílias monoparentais consecutivas ao divórcio ou à separação judicial são formadas por *mulheres chefes de família* (LEITE, 1997, p. 40 e 41).

Insta lembrar que famílias monoparentais formadas depois da separação e do divórcio podem não se manter assim por muito tempo, uma vez que essa mãe ou esse pai podem vir a contrair novo matrimônio ou mesmo constituir uma união estável, fatos normais nos dias de hoje.

Um outro fator que propaga a monoparentalidade é a dissolução das uniões estáveis, reconhecidas como entidades familiares, a exemplo do exposto acima.

Um outro fator também determinante para a monoparentalidade é a "mãe solteira", que, apesar de ter surgido apenas há algumas décadas, sempre se viu marginalizada à legislação familiar e foi discriminada por muitos anos, principalmente com a diferenciação entre filhos legítimos e ilegítimos, ideia abolida pela Constituição Federal de 1988, como visto em capítulos anteriores.

É perfeitamente normal, frente à evolução dos tempos, encontrarmos mulheres bem-sucedidas, determinadas a terem os filhos sem os conceberem no matrimônio (seja nos termos da lei, seja por meio da união estável). Essas mulheres, que podem ser vulgarmente chamadas de "mães solteiras", porque foram surpreendidas com a gestação precoce, ou de "mães solitárias", porque aderiram à ideia de formar uma família monoparental, são protegidas pela legislação.

Há, ainda, "mães solitárias" mais conectadas à tecnologia, que optam pela utilização da técnica de inseminação artificial, questão extremamente polêmica quanto a sua admissibilidade no ordenamento jurídico brasileiro, ponto que não será tratado no presente trabalho.

Conhecidas, então, as formas de concepção das famílias monoparentais, pode-se adentrar na análise do reflexo que se perpetra ao menor.

Não deve passar despercebido que as relações familiares, quando bem cultivadas, estabelecem aos menores adequada formação de personalidade e de desenvolvimento, preparando-os, de forma ponderada e equilibrada, para o futuro.

Famílias sem estruturas psicológica, moral e, por vezes, financeira, acabam propiciando a criação de suas dezenas de filhos nas ruas, de forma desordenada, contribuindo para a formação de sujeitos voltados à criminalidade, o que se poderia repudiar veementemente se o assunto aqui tratado fosse controle de natalidade. Não é, mas acaba influenciando na análise, mesmo que perfunctoriamente.

Não deve fugir desse exame o fato de que menores perseguem os exemplos dos pais para a condução de suas vidas, atitude mais do que normal na sociedade, que não poderia impedir. Se a família é equilibrada, seus filhos também serão. Se a família cresce desordenadamente, têm integrantes que vivem à mercê da criminalidade, ou em confronto entre si constantemente, os menores tenderão a refletir sua condutas, pois não enxergam outra realidade, senão a sua.

Entre os julgadores e doutrinadores, vence o entendimento de que a *boa relação familiar* se estabelece quando os pais, mesmo separados, ou até mesmo quando estabelecem famílias monoparentais, conseguem suprir a adequada e necessária formação dos menores, não transferindo a eles os problemas da relação adulta, tampouco depositando neles a culpa pelos fatos que culminaram naquela ou nesta situação.

Por boa relação familiar em que poder-se-ia entender aquela, os menores não vivem os conflitos dos pais no processo de separação ou de divórcio, sendo protegidos das desventuras das partes. Mas, ainda assim, acabam servindo-se da anormalidade da vida que se inicia, pois devem passar a conviver com uma união efêmera, pois há a recomposição de situações em que não mais se verá a integração familiar.

Todos os efeitos desse rompimento acabam vulnerabilizando os menores, que antes se viam em uma situação intangível. O pulso firme daquele que deterá o poder familiar, seja a genitora, seja o genitor, é imensamente grande e árduo, pois deverá desdobrar-se para proteger os filhos menores.

Sobre tudo isso, há duas situações que norteiam os graus de responsabilidade que devem ser dispensados aos menores: a família deve proteger os filhos, poupando-os das desavenças e da discórdia. O Estado, em seu interesse e no interesse do menor, insurge-se por meio do Poder Judiciário e de outros órgãos, como o Conselho Tutelar, interferindo na expectativa de contornar ou tornar menos dolorosa a situação arquitetada.

E anote como fundamento que, apesar de estarmos tratando de famílias monoparentais, não pode escapar que a Constituição, em admitindo que referidas instituições existem e são juridicamente reconhecidas, tem para si a proteção do princípio da igualdade, equiparando-as às famílias de modo geral, sem qualquer distinção.

6.1. A possibilidade da paternidade socioafetiva

Já foi alhures mencionado que o princípio da afetividade regula as relações monoparentais, de modo que às famílias formadas por apenas um dos pais e a seus descendentes são garantidos e assegurados os mesmos direitos e as mesmas garantias constitucionais das outras famílias.

Dentre todos esses princípios garantidores, acumula-se ainda a observação àqueles derivados e complementadores constantes na legislação da Criança e do Adolescente e no Código Civil, sendo certo que devemos atribuir consideração especial ao *princípio da afetividade*.

O jurista Luiz Edson Fachin, brilhante no estudo das relações familiares, analisou a paternidade como sendo de três tipos: a *jurídica*, que vem reconhecida pela Lei; a *biológica*, a considerada genética para os fins de estudos jurídico e médico; e a *socioafetiva*, ou seja, aquela que deriva da demonstração do exercício da paternidade.

A jurídica e a biológica, no momento, não prescindem de mais explicações ou detalhamentos, pois fazem parte do cotidiano do Direito e da vida. O mesmo tratamento não poderá ser dispensado à paternidade socioafetiva, que deriva sobremaneira à compreensão natural do ser humano.

Para esse estudo, analisar-se-á a paternidade como sendo concreta e real nas relações familiares atuais, dividindo-se entre a biológica e a não biológica, isso porque as situações levantadas nesse tópico prescindem de razoabilidade no que tange à aplicação e à interpretação.

Muitas vezes, deparamos com pessoas que exercem, indistinta e naturalmente, o papel de pai, dispensando o emprego de carinho, afeto, educação, aos menores por qualquer motivo afastados de seus pais, ou apenas de um deles, dentre outras coisas.

O exercício constante desse "paternalismo" acaba por criar um laço afetivo extremamente importante para o direito da família, uma vez que passa a atribuir à relação caracteres muito próximos aos de uma família.

Neste caso, estamos diante do afastamento do liame biológico entre o menor e seu pai, mas, muitíssimo próximos da posse do estado de filho.

Isso significa que a paternidade socioafetiva aplicada a um menor pode estar sendo muito mais eficiente e presente nos anseios das crianças e dos adolescentes, daquela que de fato é a *esperada* por ser a biológica.

A paternidade socioafetiva é fruto de uma relação de carinho, respeito, de assistência constante, do atendimento e de prestação das necessidades básicas ao menor. Não se trata de obrigação ou dever fisiológico, mas sim, de cunho emocional daquele sujeito ou "pai" que se apodera do *status* de posse do menor como se filho biológico seu fosse.

A paternidade é muito mais do que simplesmente prover alimentação e educação ou, até mesmo, justificativa para partilhar bens hereditários. Estamos diante de assunto que abrange a constituição de *valores* e ratificação da garantia da dignidade da pessoa humana, esses que somente se exercitam quando o menor está no meio da convivência familiar durante toda sua infância e a adolescência, e, por que não, fase adulta.

A paternidade socioafetiva para alguns doutrinadores – como é o caso de Luiz Fachin –, é considerada muito mais importante que a biológica. Dessa posição aderimos, uma vez que sempre deverá sobrepor-se às relações familiares o interesse dos menores.

Na legislação brasileira, o assunto não foi abordado. Contrariamente, na legislação francesa, o assunto foi sim colocado como objeto legislativo, sendo certo ainda que em alguns casos se dá muito mais importância a ela do que à paternidade biológica(1).

---

(1) OLIVEIRA, José Sebastião de. *Fundamentos constitucionais do direito de família*. São Paulo: RT, 2002. p. 255.

> Atualmente, para o Código Civil francês a "chamada posse do estado" assume a condição de fator de atribuição da paternidade, superando em importância a prova biológica. Havendo o registro de nascimento mais a posse do estado de filiação, compreendida aqui a prova do tratamento dispensado pelo pai ao seu filho, com demonstração evidente de todas as qualidades inerentes a esse estado (cuidados alimentares, educacionais, de lazer, carinho, afeto, etc.), a paternidade se torna inatacável por qualquer outra prova. O genitor será reputado pai para todos os efeitos legais (arts. 311-12, 322, 344-9 do Código Civil francês).[2]

E, se isso fosse possível no Brasil, como seria a aplicação em nosso cotidiano? Analisando as questões suscitadas pelos autores citados anteriormente, podemos, sem dúvida alguma, implantar tal metodologia em nosso país.

Vejamos que se trata de responsabilidade social o que se pretenderia ao implementar tais conceitos. Na prática, várias famílias passam cotidianamente por isso, sem poderem registrar quem de fato exerce o poder e as funções da figura paterna.

O autor Paulo Luiz Netto Lôbo não deixou de assinalar também sobre essa questão quando explicou:

> Em escrito publicado no número 1 da Revista Brasileira de Direito de Família (O exame de DNA e o princípio da dignidade da pessoa humana, p. 72), tínhamos chamado atenção para a necessidade de os juristas e profissionais do direito atentarem para a distinção necessária entre genitor e pai. Dissemos: *Pai é o que cria. Genitor é o que gera*. Esses conceitos estiveram reunidos, enquanto houve primazia da função biológica da família. Afinal, qual a diferença razoável que deva haver, para fins de atribuição de paternidade, entre o homem dador de esperma, para inseminação heteróloga, e o homem que mantém uma relação sexual ocasional e voluntária com uma mulher, da qual resulta concepção? Tanto em uma como em outra situação, não houve intenção de constituir família. *Ao genitor devem ser atribuídas responsabilidades de caráter econômico, para que o ônus de assistência material ao menor seja compartilhado com a genitora, segundo o princípio constitucional da isonomia entre sexos, mas que não envolvam direitos e deveres próprios de paternidade.* (grifo nosso)[3]

Cotidianamente, estamos diante de crianças e adolescentes que passam a vida inteira sem receber um gesto de carinho como agradecimento por uma lição de casa feita corretamente, um abraço pelo seu aniversário, um grito de felicidade pelo presente recebido no dia dos pais.

---

(2) *Op. cit.*, p. 256, citando FACHIN, Luiz Edson, da paternidade, *cit.*, p. 44 e *Estabelecimento da filiação e paternidade presumida*. Porto Alegre: Fabris, 1992. p. 81/2.

(3) LÔBO, Paulo Luiz Netto. Paternidade socioafetiva e o retrocesso da Súmula n. 301 do STJ. *Jus Navigandi*, Teresina, a. 10, n. 1.036, 3 maio 2006.

Muitas famílias brasileiras certamente seriam beneficiadas com o registro do estado de filiação, da mesma forma que veríamos muitos menores paternizados, longe das ruas e da violência cotidiana das cidades.

A conduta de alocar referida matéria na legislação seria de fundamental importância na medida em que veríamos o Estado cumprindo seu dever de zelar pelos menores quando declarasse a função de pai pelo estado de posse, autorizando a sociedade a ratificar laços muitas vezes não estreitados pela burocracia.

Por fim, nada mais poderíamos conceber com relação ao instituto como que um presente, um gesto de reconhecimento da sociedade e do Estado ao se atribuir ao sujeito o *estado de pai*, por toda a contribuição empreendida ao filho.

6.1.1. A súmula n. 301 do STJ e a socioafetividade

Dispõe a Súmula n. 301 do STJ que, "em ação investigatória, a recusa do suposto pai a submeter-se ao exame de DNA induz presunção *juris tantum* de paternidade".

A indigitada Súmula, que foi publicada em 2004, teve como base estrutural acórdãos que, ou continham provimento jurisdicional para determinar a investigação genética do filho e da genitora, ou apontavam requerimento para investigação do suposto pai.

Evidentemente, temos ainda os casos em que as partes, o menor, a genitora, o suposto pai ou os herdeiros do suposto pai, recusam-se ao exame genético, conduta essa apurada de forma benéfica aos autores da ação.

Importa-nos, diante do trabalho aqui feito, discutirmos as três situações: a primeira atinente ao fato da conduta negativa de qualquer um dos sujeitos em realizarem o exame; a segunda à realidade afetiva da vida de cada família e, por fim, a terceira, que aponta pela realização do exame em situações familiares já concretizadas. Vejamos, então, cada uma delas.

6.1.1.1. Da recusa em realizar o exame genético

Grande parte da doutrina e da jurisprudência(4) tem apontado no sentido de entender a recusa da realização do exame genético como uma forma de confissão à pré-suposição de paternidade. Essa certeza vem inclusive e equivocadamente aduzida na Súmula 331, do STJ, a qual será estudada em outro tópico desse trabalho mais apuradamente.

Ocorre que deve-se levar em consideração que a paternidade não poderia ser presumível simplesmente porque o "suposto pai" estaria recusando-se ao exame laboratorial.

(4) Resp. 460.302: "Por outro lado, já decidiu esta Corte que a recusa injustificada da parte em se submeter ao exame de DNA, aliada às demais provas e circunstâncias dos autos, leva à presunção de veracidade das alegações postas na inicial (...)".

Primeiramente, porque a lei civil não impôs essa condição ao investigado. Veja-se que os arts. 1.597 e 1.609, ambos do Código Civil, não fazem menção expressa e ímpar a respeito de como o filho deve ser ou não reconhecido, podendo o pai reconhecê-lo de diversas formas, inclusive espontaneamente.

Em segundo lugar, porque a busca da verdade é o que deve prevalecer em qualquer processo judicial, em especial àquela feita por meio de meios objetivos, sem causar qualquer constrangimento ou exercício de coação ao investigado.

A busca da verdade aqui mencionada deve-se à conclusão lógica que qualquer jurista ou magistrado sagaz alcançaria: a recusa deve ser entendida como *elemento probatório* e não como forma de coagir o "suposto pai" e, *principalmente*, o menor a manterem uma relação familiar.

A obrigação do investigado em submeter-se ao exame de DNA não deve ser entendida como coação, da mesma forma que o magistrado, diante do caso concreto, deve apurar se está ocorrendo ou não ofensa ao dever processual de colaborar para o conhecimento da verdade.

A presunção da veracidade poderia sim ser declarada se estivéssemos diante da recusa do investigado, acompanhado de testemunhos, documentos ou quaisquer outras formas probatórias.

Felizmente, a doutrina e a jurisprudência têm evoluído na interpretação do art. 319 do CPC, manifestando-se no sentido de considerar a ausência de defesa apenas *presunção relativa de veracidade dos fatos alegados na exordial*[5].

E assim não poderia ser diferente. O magistrado não pode apegar-se a uma presunção tão vulnerável para considerá-la como verdadeira, até porque expõe o menor ao risco de ver-se vinculado a alguém que não é de fato seu pai.

E ainda não se poderia admitir que o magistrado aceitasse passivamente fatos não contestados ou não provados, providência que demanda a instauração da fase probatória que, em se tratando de ações privadas de família, admite qualquer uma das modalidades relacionadas na Lei Processual.

Por isso mesmo, razoável considerarmos a presunção do art. 319 do CPC, *iuris tantum* (relativa), e afastar o magistrado de qualquer circunstância que possa lhe impulsionar ao convencimento no sentido contrário.

Há ainda mais uma pequena observação a ser suscitada a respeito da negativa do suposto pai. Trata-se da *invocação do direito ao silêncio*.

Muitos doutrinadores, como é o caso de Paulo Luiz Netto Lôbo, justificam que o direito ao silêncio, preconizado na Carta Magna, deve ser respeitado, sem que essa conduta aponte para o pré-julgamento. Ou seja, a negativa do pai não

(5) Cf. BEDAQUE, José Roberto dos Santos. Código de processo civil interpretado. In: MARCATO, Antonio Carlos (Coord.). *Código de processo civil interpretado*. São Paulo: Atlas, 2004. p. 967.

pode ser utilizada para desfavorecer sua defesa, assim como, a do menor, caso o objetivo seja de o pai ver declarada negativa a paternidade.

Por que é de tamanha importância ao menor ter apenas o nome do pai biológico na certidão de nascimento, se não é do interesse, tampouco vontade de ambos que assim seja? Deve prevalecer a vontade da mãe?

Certamente que não.

A própria lei civil induz a obrigatoriedade de que todas as pessoas exercitem o direito ao nome, à filiação, à manutenção e à subsistência, dentre outras coisas. Como não traçou normas para regular os laços da socioafetividade em decorrência do estado de pai, acabou fazendo *jus* ao conservadorismo de manter o nome do pai biológico na certidão de nascimento, impondo o laço familiar sem respeitar a realidade do menor, que pode ser, em alguns casos, bem mais desejada e receptiva.

Não sejamos hipócritas ao imaginar Justiça e razoabilidade das relações familiares quando a existência e o consequente assentamento do nome do pai biológico, que não convive com menor, pode sobrepor-se à comunhão da criança com outro sujeito, este que esteja com a posse do estado de filho.

Talvez, e muito certamente, melhor Justiça se proporcionaria aos menores se outorgado fosse ao sujeito de posse do estado de pai o direito de assim ser consentido e concebido, tanto na vida social, quanto no assentamento de nascimento.

É verdade também que a interpretação e a leitura do posicionamento acima requerem habilidade, pois muitas realidades devem ser sopesadas para invocação da adoção de um método, ao nosso ver, extremamente positivo.

6.1.1.2. A realidade afetiva de cada família

Como já visto anteriormente, a paternidade socioafetiva afasta o liame biológico entre o menor e seu pai, e aproxima a criança e o sujeito que exerce o estado de posse de filho.

Esse fator, extremamente importante na realidade de vida dos menores, conforta-os de maneira peculiar, tornando-se, em quase todas as vezes, um eficiente método de educar e preparar a criança e o adolescente para o convívio social.

É verdade, e disso não se pode esquivar, que essa modalidade de paternidade tem cunho emocional e não biológico, decorrendo de uma relação sincera e não obrigacional.

Em sendo assim, caso estivéssemos diante de um caso, em que o suposto pai estivesse requerendo o reconhecimento de paternidade, e o suposto filho assim não assentisse e, negando-se a realizar o exame genético, estaria correto retirar do menor esse *status* familiar para alocá-lo em outro, diferente do exercitado positivamente até então, já que a recusa será interpretada contra ele pelos tribunais?

Veja-se que o fato de o menor, ou de sua genitora não consentir em realizar o exame não poderia ser interpretado de maneira a obrigar o filho a conviver com quem não lhe propicia as necessárias e almejadas condições emocionais ou financeiras, ou ambas.

Já fora mencionado no presente trabalho que a paternidade é muito mais do que simplesmente prover de necessidades básicas; é, sim, matéria que constitui *valores sociais e morais* importantíssimos, de modo a assegurar uma vida adulta sadia, longe das ruas, da violência, sem desvios de conduta.

Por que não dizer ainda que, sobremaneira, estaríamos garantindo a dignidade da pessoa humana, princípio presente de forma constante e uníssona em todas as análises e vertentes apontadas no direito dos menores.

6.1.1.3. A realização do exame genético em instituições familiares já concretizadas

Esse ponto deve ser atentamente analisado, pois parece que o legislador deixou passar *in albis* a efetivação de um dos mais importantes direitos dos menores.

Já é cediço o entendimento de que aos menores deve ser garantida a convivência familiar, seja a instituição contraída pelos meios naturais, seja decorrente das formas alternativas, propiciadas pelos arts. 1.597 e 1.609 do Código Civil.

Isso, evidentemente, reforçado pela base constitucionalista, que igualou os filhos havidos no casamento ou não[6] e as famílias monoparentais às demais[7].

Ocorre que a Lei Civil escapou à regra e acabou por inserir em seu texto um artigo de dúbia constitucionalidade.

O art. 1.611, em seu texto, dispõe que "o filho havido fora do casamento, reconhecido por um dos cônjuges, não poderá residir no lar conjugal sem o consentimento do outro".

---

(6) Art. 226. (...)

§ 7º Fundado nos princípios da dignidade da pessoa humana e da paternidade responsável, o planejamento familiar é livre decisão do casal, competindo ao Estado propiciar recursos educacionais e científicos para o exercício desse direito, vedada qualquer forma coercitiva por parte de instituições oficiais ou privadas. (...)

Art. 227. É dever da família, da sociedade e do Estado assegurar à criança e ao adolescente, com absoluta prioridade, o direito à vida, à saúde, à alimentação, à educação, ao lazer, à profissionalização, à cultura, à dignidade, ao respeito, à liberdade e à convivência familiar e comunitária, além de colocá-los a salvo de toda forma de negligência, discriminação, exploração, violência, crueldade e opressão. (...)

§ 6º Os filhos, havidos ou não da relação do casamento, ou por adoção, terão os mesmos direitos e qualificações, proibidas quaisquer designações discriminatórias relativas à filiação. (...).

(7) Art. 226. A família, base da sociedade, tem especial proteção do Estado. (...)

§ 4º Entende-se, também, como entidade familiar a comunidade formada por qualquer dos pais e seus descendentes. (...)

§ 8º O Estado assegurará a assistência à família na pessoa de cada um dos que a integram, criando mecanismos para coibir a violência no âmbito de suas relações.

Veja-se que o legislador excepcionou a possibilidade de o filho reconhecido vir a não se integrar à família daquele que o reconhece, caso o novo cônjuge não o aceite.

Criou-se, de fato, uma verdadeira excludente à concretização da ideia de convivência familiar, assim como se desigualaram os direitos entre os filhos.

Tal disposição legal, além de ofensiva à Constituição, é também desrespeitosa ao princípio da dignidade humana dos filhos que, diante do caso concreto, são expostos à situação discriminatória.

Ainda que o reconhecimento garanta a sucessão hereditária de bens, além dos demais direitos, como é o caso dos alimentos e da filiação, a imposição ofertada ao filho reconhecido.

Evidentemente, para a acertada aplicação do Direito, se faz necessário o afastamento da aplicação do dispositivo analisado, sob pena de toda a situação familiar ser trincada.

6.2. Legitimação e Reconhecimento de Filhos

O Novo Código Civil admitiu a paternidade sob várias formas e não apenas a maneira biológica, ao contrário da revogada legislação do assunto, que preconizava que a filiação legítima era a biológica, mesmo que nem todos os filhos biológicos fossem legítimos.

Atualmente, com a igualdade constitucional disposta aos filhos, admite a legislação infraconstitucional que se promova o estado de filiação pela concepção natural, pela adoção, pela inseminação artificial ou pela posse do estado de filiação.

Este último pareceria incompatível com o predomínio da realidade biológica, mas é claramente aceito pela doutrina, apesar de o legislador civilista não ter disposto sobre o assunto de maneira clara e precisa.

O Código Civil atual aponta essa realidade em alguns de seus artigos de maneira a conceber:

a) art. 1.593 dispõe que *o parentesco é natural ou civil, conforme resulte de consanguinidade ou outra origem*;

b) art. 1.596 reproduz a regra constitucional do art. 227, § 6º, preconizando que "os filhos, havidos ou não da relação de casamento, ou por adoção, terão os mesmos direitos e qualificações, proibidas quaisquer designações discriminatórias relativas à filiação";

c) art. 1.597, inciso V, admite a "inseminação artificial heteróloga, desde que tenha prévia autorização do marido". Nessa modalidade, caso a mãe não tenha cônjuge, ou se essa sociedade desfazer-se antes mesmo da concepção, poderá dar origem à paternidade socioafetiva;

d) art. 1.605, consagrador da posse do estado de filiação[8], foi quem deu origem à paternidade socioafetiva, de modo que "na falta, ou defeito, do termo de nascimento, poderá provar-se a filiação por qualquer modo admissível em direito".

A lei civil, por seu turno, não especificou de que maneira a presunção poderá ser aferida ou por quais meios poder-se-á provar a paternidade. É certo que entre aqueles que admitem a socioafetividade a relação é duradoura, pela melhor concepção, dada situação real em que o menor passa a viver.

Diante desses apontamentos legais, podemos verificar que no direito brasileiro não há ainda uma ordem genética a ser respeitada por primazia.

Isso, porque a paternidade é um complexo de direitos e deveres destinados a uma pessoa em razão do cumprimento das "obrigações" relativas à presunção do estado de filiação, não importando se há vínculo consanguíneo ou não.

6.2.1. A legitimação espontânea e o exame de DNA

A genética vem tentando responder o que é um pai. Essa indagação não deve ser entendida sob o ponto de vista biológico. Mas, sim, social.

Tal assertiva se justifica pelo fato de não podermos dissociar a figura do filho daquele que ocupa o lugar de pai, lhe fazendo as vezes nos fatos do dia a dia, como é o caso do pai socioafetivo.

Isso, diante da estreita realidade em que nos encontramos, recorda o triste prisma de nossa sociedade com a frase de Décoret: "As mulheres são mais mães do que os homens, pais"[9].

Não se trata apenas de possibilitar ao filho conhecer seu pai natural, podendo ter seu nome assentado no registro de nascimento. Trata-se de assegurar dignidade ao nascituro, que não pode ter destacado apenas o nome da mãe, como se houvesse sido concebido às graças de um milagre.

Em relações estáveis, em que se veem famílias reunidas em laços de socioafetividade quase inexistentes são as contestações.

Caso uma das partes sugerisse a realização de investigação de paternidade biológica, certamente entender-se-ia como uma violação ao princípio da dignidade da pessoa humana, uma vez que estaríamos desfazendo relações estáveis, concretizadas pela socioafetividade, princípio inserido na legislação familiar desde a promulgação da Carta Magna até o advento da Lei Civil de 2002.

---

(8) *Op. cit.*

(9) DÉCORET, Bruno. *Lês pères dépossédés*. p. 69 et seq.

É verdade que o art. 27 do Estatuto da Criança e do Adolescente estabelece o reconhecimento do estado de filiação como direito personalíssimo, indisponível e imprescritível.

Porém, isso não atribui ao familiar o direito de questionar a paternidade que já haveria se concretizado com o tempo, até porque, imagina-se que o menor está em convivência familiar duradoura o suficiente para lá permanecer estavelmente.

6.2.2. O princípio da paternidade responsável

A Constituição Federal de 1988, sobre a paternidade responsável, dispôs de modo a obrigar a observância de outros dois princípios, quais sejam, o da dignidade da pessoa humana e o da igualdade; veja-se:

> Art. 226. A família, base da sociedade, tem especial proteção do Estado. (...)
>
> § 7º Fundado nos *princípios da dignidade da pessoa humana e da paternidade responsável,* o planejamento familiar é livre decisão do casal, *competindo ao Estado propiciar recursos educacionais e científicos para o exercício desse direito,* vedada qualquer forma coercitiva por parte de instituições oficiais ou privadas. (...). (grifo nosso)

A dignidade da pessoa humana, tema já abordado anteriormente, porque é necessidade vital do menor conhecer sua origem e conviver com sua família. O direito à convivência familiar está intimamente ligado à dignidade da pessoa humana na medida em que o primeiro propicia a efetivação e a garantia do segundo.

Já a igualdade deve-se ao fato de que os menores devem ser tratados de forma igualitária, ou seja, qualquer que seja o menor deve receber de sua família assistências material e afetiva, assim como o mesmo dever assiste ao Estado, que, ainda subsidiariamente, deve colaborar no provimento de sua estabilidade social.

A explicação para a controvertida análise desse dispositivo constitucional é clara: nossa Carta Constitucional entendeu em respeito aos direitos e às garantias fundamentais não realizar controle efetivo de natalidade, a exemplo de alguns países orientais. Propiciou, sim, que o Estado promovesse recursos educacionais e científicos para o consciente exercício desse direito, sem exercitar qualquer forma coercitiva por parte de instituições oficiais ou privadas.

Ou seja, o Estado deve realizar eventos culturais e/ou educacionais que alertem a sociedade para o perigo do descontrole no crescimento das famílias. Essas orientações são uma discreta forma de controlar a natalidade, já que o objetivo desse evento é evitar o descontrole da procriação.

E isso tem uma definição filosófica firme: a família é a base da sociedade, sendo dela sua cédula fundamental a procriação[10]. Seguindo essa linha de racioci-

(10) Cf. BASTOS, Celso Ribeiro. *Curso de direito constitucional.* São Paulo: Saraiva, 1998. p. 492.

nio, a paternidade deve ser realizada de forma responsável para o fim de propiciar e garantir a efetivação dos interesses das crianças e dos adolescentes, de modo a não deixar que reflexos danosos do comportamento da sociedade e, principalmente de seus pais, possam afetar seu crescimento.

O agravamento da situação se dá quando se rompem os vínculos de afetividade. E ressalte-se que aqui não estamos fazendo referência àqueles casados ou não, afinal, a união estável deve ser considerada para todos os fins desse trabalho.

Esse *rompimento* contempla os pais com *status* diverso do anterior. Ocorre, porém, que a conscientização deve-se ao fato de que a falência conjugal *não faz desaparecer os direitos e deveres dos pais* que, na verdade, devem ser reafirmados aos filhos para os fins de se evitarem danos.

Podemos citar a *crescente agressividade das crianças e dos jovens, que está relacionada ao inadequado exercício da paternidade*[11], a gravidez na adolescência, o consumo de drogas precoce, a revolta com novas uniões, dentre outros. Evidentemente, não se dará em todos os casos as possibilidades mais constantemente destacadas acima, mas, se o processo de separação ou divórcio do casal não é bem conduzido, certamente as chances se aumentam.

Os menores invariavelmente sentem a separação e a união de seus pais com outras pessoas, mas o desmantelamento da família deve sempre ser conduzido pelos pais da maneira mais suave e sensível que lhes for possível.

A jurisprudência do STJ mostra-se paritária das ideias acima transcritas, como se verifica no seguinte acórdão:

> Recurso especial. Processual civil e civil. Recurso especial. Fundamentação deficiente. Divergência jurisprudencial. Investigação de paternidade. Exame de DNA. Réu. Recusa. Presunção de paternidade.
>
> Não se conhece o recurso especial em que se revela ausente a indicação, com a necessária exatidão, do dispositivo legal tido por violado ou que teve negada sua aplicação.
>
> Na hipótese de dissídio notório e evidenciando a leitura da ementa do acórdão paradigma a existência da divergência jurisprudencial, deve-se abrandar os rigores legais exigidos para a demonstração do dissídio, permitindo o conhecimento do recurso especial pela letra "c", do art. 105, III, da Constituição Federal.
>
> *Ante o princípio da garantia da paternidade responsável, revela-se imprescindível, no caso, a realização do exame de DNA, sendo que a recusa do réu de submeter-se a tal exame gera a presunção da paternidade.*[12] (grifo nosso)

---

(11) Cf. ROLLIN, Cristiane Flores Soares. *Tendências constitucionais no direito de família*. Estudos em homenagem do Prof. José Carlos Teixeira Giorgis. Porto Alegre: Livraria do advogado, 2003. p. 41.

(12) (3ª Turma, REsp. n. 256.161/DF, Rel. p/ Acórdão Min. Nancy Andrighi, por maioria, DJU de 18.02.2002).

Dessa forma, *mostra-se incontestável que a paternidade deverá ser exercida de forma responsável, seja para a realização do planejamento do número de filhos, seja para provê-los do suporte afetivo e material necessário para o seu bom desenvolvimento*[(13)].

E, ainda, reforce-se essa ideia atrelada à análise do disposto no art. 27 do Estatuto, que prevê garantia ao menor de, a qualquer momento, exercitar seu direito de ver reconhecido seu estado de filiação.

(13) *Op. cit.*, p. 43.

CAPÍTULO VII

A FAMÍLIA E O DESEMPENHO DE SEU PAPEL DIANTE DA IMPOSIÇÃO DAS MEDIDAS PROTETIVAS CONSTANTES DO ESTATUTO

7.1. Tipos de Medidas tipificadas no Estatuto da Criança e do Adolescente

No Código de Menores de 1979, as Medidas de Assistência e Proteção aos Menores eram destinadas a promover sua integração tanto na sociedade, quanto na família.

No art. 14 da revogada lei, as medidas aplicáveis ao menor eram a advertência; a entrega aos pais ou ao responsável, ou ainda à pessoa idônea, mediante termo de responsabilidade; colocação em lar substituto; imposição do regime de liberdade assistida; colocação em casa de semiliberdade; ou internação em estabelecimento educacional, ocupacional, psicopedagógico, hospitalar, psiquiátrico ou outro que pareça mais adequado.

Referidas medidas poderiam ser aplicadas de modo cumulativo ou, se fosse o caso, ser substituídas de modo atenuante ou agravante ao menor. Era necessário ainda que, para o início de sua aplicação, o menor fosse recolhido com a devida ciência do Ministério Público.

Atualmente, com a edição do Estatuto da Criança e do Adolescente em 1990, as medidas de assistência e proteção formam grupos que se constituem pelas *medidas de proteção* e *medidas socioeducativas.*

As *medidas de proteção* são aquelas aplicáveis aos menores quando estiverem diante de ameaça ou violação de seus direitos, não afastando a concepção de que sempre terão fundamento pedagógico, de modo a propiciar que o jovem fortaleça seus vínculos com a família e com a sociedade de modo geral.

Essa preocupação não é recente, ao contrário, é substancialmente difundida desde a Declaração dos Direitos da Criança, firmada em Genebra em 1924. Posteriormente, esses princípios, lá consignados, foram adotados e proclamados pela Assembleia Geral de 20 de novembro de 1959, tendo o Brasil como signatário.

Em seu bojo, a declaração consigna em dez princípios os direitos e a proteção destacada ao menor, sempre com a intenção de propiciar a difusão da dignidade da pessoa humana, uma sadia educação e vivência em condições de liberdade.

Desde então, as leis e diretrizes vêm baseadas nesse documento, difundindo atos e regras para a proteção integral dos menores.

As *medidas socioeducativas* são as penalizações aplicáveis aos menores quando praticam algum ato infracional, ou seja, incorrem na execução ou na participação de qualquer conduta delituosa tipificada pelo Direito Penal. São arroladas taxativamente no Estatuto e procuram atingir o destinatário da medida em busca da ressocialização e da readaptação dele à sociedade.

7.2. Medidas Específicas de Proteção, segundo o art. 101 do ECA

Em análise detida entre a nova lei e a revogada, podemos verificar que alguns meios foram acrescidos ao rol de possibilidades para a reintegração dos menores na sociedade e na família. E esse é justamente o objetivo do legislador: de acordo com o art. 100 do Estatuto, *toda e qualquer medida que venha a ser aplicada deve ter fundamento pedagógico, de modo a propiciar que o jovem fortaleça seus vínculos com a família e com a sociedade*.

Preocupou-se ainda o legislador em evitar que os menores sofressem com a aplicação de medida socioeducativa ou protetiva, proporcionando-a do modo mais próximo de sua realidade, evitando-se, assim, que mais um trauma lhe fosse causado, qual seja, que fosse submetido a mudanças bruscas.

O meio social, a disponibilidade da família em colaborar, a personalidade do menor e seus antecedentes também serão levados em consideração, de modo que nada deve ser imposto se agravar ainda mais aquilo que, digamos, poderia ter sido o causador do desvio de sua conduta.

Segundo o art. 101 do Estatuto, são aplicáveis aos menores: o encaminhamento aos pais ou ao responsável, mediante termo de responsabilidade; orientação, apoio e acompanhamento temporários; matrícula e frequência obrigatórias em estabelecimento oficial de ensino fundamental; inclusão em programa comunitário ou oficial de auxílio à família, à criança e ao adolescente; requisição de tratamento médico, psicológico ou psiquiátrico, em regime hospitalar ou ambulatorial; e inclusão em programa oficial ou comunitário de auxílio, orientação e tratamento a alcoólatras e toxicômanos.

Veja-se que o Estatuto procurou amenizar os tratamentos na medida de sua necessidade, sempre primando pela desnecessidade de punição aos menores, mas, sim, de reorganização e readaptação destes com a sociedade.

Evidentemente, haverá situação em que a punição se tornará medida necessária, como no caso do cometimento de infrações mais graves, mas, mesmo assim, a estabilização emocional e o equilíbrio para que o menor se prepare para retornar à sociedade são necessários, posto que a maioridade penal no Brasil se dá apenas aos dezoito anos completos[1].

(1) No transcorrer da elaboração deste trabalho, o assunto relativo à redução da maioridade penal estava sendo discutido e votado no Congresso Nacional.

7.3. Medidas Socioeducativas, segundo o art. 112 do ECA

Assim como feito no tópico anterior, é preciso entender a natureza da medida, *in casu*, a socioeducativa, a fim de não serem confundidos os institutos e seus cabimentos.

É incontestável o desejo do legislador em ver reintegrado o menor surpreendido pela prática de infrações, já que o que busca a sociedade é a reabilitação dele.

Ocorre, porém, que determinadas condutas praticadas são consideradas delitos mais gravosos. A razão disso, já verificado em tópicos anteriores, ou origina-se por terem sido praticadas por menor cuja conduta social é negativa, ou por não ter percebido boas referências educacionais e familiares, até mesmo podendo ser o caso de jovem reincidente.

Essas condutas são penalizadas em observância às disposições contidas no art. 112, do Estatuto.

Ocorre que, não devemos confundir a finalidade de cada medida relacionada no Estatuto, a fim de não minorizarmos o consequente de cada uma delas.

A finalidade não poderia prestar-se apenas a reeducar e reintegrar os jovens à sociedade e à família.

Para alguns doutrinadores, como é o caso do Desembargador Yussef Cahali, firmou-se o entendimento de que as medidas socioeducativas têm caráter punitivo, de modo a censurá-lo pela eventual prática do delito[2].

Veja-se que até poderíamos atribuir caráter pedagógico à internação, se fizéssemos uma análise abstrata da situação. Ocorre, porém, que a situação atual é exatamente diferente dessa.

A maioria dos jovens não têm sido compelidos a internações por ter praticado delitos de menor potencial ofensivo, até mesmo quando são surpreendidos no uso de psicotrópicos.

A internação é, de todas, a medida mais agressiva e que, por isso mesmo, deve ser a utilizada quando o julgador deparar com delitos mais expressivos, cometidos por menores reincidentes na marginalidade, ou por aqueles cuja personalidade e antecedentes sejam mais gravosos.

A pena, portanto, nesses casos, deverá ser aplicada e entendida como de cunho teleológico, ou seja, *vista na forma de castigo e de defesa social.*

(2) Cf. VALENTE, José Jacob. *Estatuto da Criança e do Adolescente*: apuração do ato infracional à luz da jurisprudência: Lei Federal n. 8.069, de 13.07.1990. São Paulo: Atlas, 2002. p. 18. Citando trecho do Acórdão da Apelação Cível n. 14.566-0, da Câmara Especial do Tribunal de Justiça do Estado de São Paulo.

Essa é uma maneira de a sociedade retribuir ao jovem as consequências do ato ilícito por ele cometido(3), afinal, a consequência dos delitos praticados sempre recairá sobre a população, de modo geral.

7.3.1. Tipos de medidas socioeducativas

As medidas socioeducativas contam com a aplicação das seguintes penalidades aos menores, segundo dispõe o art. 112 do Estatuto:

a) advertência;

b) *obrigação de reparar o dano;*

c) *prestação de serviços à comunidade;*

d) *liberdade assistida*;

e) inserção em regime de semiliberdade;

f) internação em estabelecimento educacional;

g) cumulativamente ou não, qualquer uma das *medidas protetivas* previstas no art. 101, I a VI. (grifo nosso)

Para a aplicação de qualquer uma dessas medidas, ou ainda cumulativamente algumas delas, o aplicador do direito levará em conta a capacidade do menor em cumpri-la, suas circunstâncias sociais e psicológicas e a gravidade da infração cometida.

E isso tem uma explicação bastante coerente: não podemos tão certeiramente afirmar se os menores possuem ou não um elevado grau de criminalidade, não havendo, portanto, como responderem como se maiores de 18 anos fossem.

Repita-se que a sanção aplicada ao menor infrator se dará pelo sopesamento da conduta praticada e pela extensão dos danos cometidos, de modo que poderá ser mais grave (como a internação) ou mais leve (advertência).

A sociedade e as famílias de modo geral correm o risco de rotular os jovens como criminosos quando, na verdade, podem – como de fato na maioria das vezes estão – estar carentes, moral e materialmente.

Os acórdãos da Câmara Especial do Tribunal de Justiça do Estado de São Paulo(4), que é o responsável pelo processamento e pelo julgamento dos processos relacionados à jurisdição da infância e da juventude, têm posicionamento nesse sentido:

> ACORDAM, em Câmara Especial do Tribunal de Justiça do Estado de São Paulo, por unanimidade de votos, negar provimento ao recurso, de conformidade com o voto

(3) Cf. SOLER, Sebastian. *Derecho penal argentino*. Buenos Aires: Argentina, 1970. v.2., p. 342.

(4) A composição dessa Câmara é rotativa, formando-se pela junção do Presidente da Seção Criminal, Presidente das Seções de Direito Público e de Direito Privado, o Primeiro Vice-Presidente e do Desembargador Decano do Tribunal.

do Relator que fica fazendo parte integrante do presente julgado. O julgamento teve a participação dos Desembargadores ALVARO LAZZARINI (Presidente sem voto), HERMES PINOTTI e GENTIL LEITE. São Paulo, 07 de dezembro de 2000.

APELAÇÃO CÍVEL — Ato infracional equivalente a estelionato — Medida sócioeducativa de advertência — Apelação que objetiva a inversão do julgamento, sob argumento de inexistir prova suficiente para imposição de qualquer medida — Inadmissibilidade — *Confissão judicial do apelante que, somada a outras provas, confere certeza quanto à autoria do ato infracional* — Recurso improvido.(5) (grifo nosso)

ACORDAM, em Câmara Especial do Tribunal de Justiça do Estado de São Paulo, por unanimidade de votos, negar provimento aos recursos, de conformidade com o voto do Relator que fica fazendo parte integrante do presente julgado. O julgamento teve a participação dos Desembargadores ÁLVARO LAZZARINI (Presidente sem voto), HERMES PINOTTI e GENTIL LEITE. São Paulo, 18 de dezembro de 2000.

Menor infrator. Ato equivalente ao roubo qualificado pelo concurso de agentes, uso de arma de fogo e retenção da vítima. Aplicação de semiliberdade. Recurso ministerial pretendendo a aplicação de internação. Recurso da adolescente pugnando pela liberdade assistida. *Gravidade do ato que recomendaria a internação.* Mantida, porém, a sentença, em razão da circunstância de gestação da menor, que deve contar, atualmente, com uma criança para criar. Recursos improvidos.(6) (grifo nosso)

As outras medidas, também relacionadas no art. 112 do Estatuto, como a *obrigação de reparar o dano; a prestação de serviços à comunidade ou a liberdade assistida*, além do caráter punitivo, possuem *caráter retributivo*, ou seja, são concedidas aos menores para que esses empreendam todos os meios disponíveis para reverterem ou amenizarem a situação delituosa praticada.

Ora, a retribuição deve ser assim entendida como conduta de restituição, ou seja, de restauração do *status* anterior da vítima - que pode ser considerada como sendo a sociedade também.

A Câmara Especial do Tribunal de Justiça demonstra essa posição, como podemos observar pelos termos de seus julgados, a saber:

Menor — atos infracionais equivalentes ao crime de lesão corporal culposa e à contravenção penal consistente em falta de habilitação para dirigir veículo automotor — *aplicada medida sócioeducativa consistente na obrigação de reparar os danos decorrentes do fato em tela*, o acidente automobilístico, no prazo de no prazo de seis, após o qual, se não cumprida, *será substituída por liberdade assistida por*

(5) Relator NIGRO CONCEIÇÃO. Apelação Cível n. 066.734.0/2-00 (16.317), Apelante: E. M. dos S, (menor), Apelado: Promotor de Justiça da Infância e Juventude da Comarca de Guaratinguetá.

(6) Relator FÁBIO QUADROS, Voto n. 322/TJ - Câmara Especial, Apelação Cível n. 65.394.0/2, Comarca: São Paulo (Foro Regional do Tatuapé) Apte.: R.d.C. (menor) e Apdo.: Promotor de Justiça oficiante na 3ª Vara Especial da Infância e Juventude da Capital.

um ano — recurso do adolescente — pugna pela concessão de remissão, sob o fundamento de que não concorreu com culpa para o acidente e de que não tem condições de suportar a medida aplicada — inadmissibilidade — procedência da inicial está demonstrada — não estão presentes os pressupostos para a concessão da remissão — a impossibilidade de cumprimento da medida aplicada deve ser aferida quando da liquidação da r. sentença apelada — apelo improvido.[7] (grifo nosso)

Menor — Medida socioeducativa — Prestação de serviços à comunidade — Admissibilidade — *Fixação em razão da natureza do ato infracional, equivalente a lesão corporal de natureza leve, decorrente de agressão* — Autoria e materialidade comprovadas — Recurso improvido.[8] (grifo nosso)

Segundo o doutrinador Afonso Armando Konzen[9]:

> é possível, antes, num contexto fundamentalmente teórico, perceber o significado material de cada uma das medidas pela decomposição das diversas modalidades previstas na ordem jurídica, para assinalar, a partir da formulação teórica, da observação empírica e da análise crítica, o verdadeiro significado existencial de cada uma delas, sempre com o olhar centrado, diga-se de novo, na pessoa do destinatário e na percepção do efeito produzido pela aplicação.

Veja-se, apenas para que não se confunda sobre as intenções do legislador, que este, ao criar referidas medidas, teve de considerar critérios de individualização da aplicação da pena ao menor.

Primeiramente, o aplicador das medidas levará em consideração as necessidades pedagógicas, sempre dando preferência àquelas que visem ao fortalecimento dos vínculos familiares e comunitários dos menores.

Em segundo lugar, a autoridade judiciária considerará a capacidade do menor em cumprir a medida socioeducativa, seja física ou mentalmente falando. Isso obriga ao aplicador considerar critérios relacionados às saúdes mental, física e emocional do menor.

Em terceiro lugar, consideraremos o critério da proporcionalidade, ou seja, a resposta à infração será sempre proporcional às circunstâncias, à gravidade da infração, às condições dos menores e da sociedade.

Portanto, podemos concluir que a medida socioeducativa visa não só responder à defesa nacional, mais interferir na formação das crianças e dos adolescentes para seu pleno desenvolvimento, sem riscos de voltar-se à delinquência.

---

(7) Apelação Cível n. 066.144.0/0-00, SP, 11.12.2000, Relator NUEVO CAMPOS, Comarca: Socorro, Apelante: F. R. L. (menor), Apelado: Ministério Público.

(8) Apelação Cível n. 068.260.0/3-00, SP, 08.01.2001, Relator SÉRGIO GOMES, Comarca: Dracena, Apelante.: R. W. de A., Apelado: Promotor de Justiça da Vara da Infância e da Juventude de Dracena.

(9) *Penitência socioeducativa*. Porto Alegre: Livraria do Advogado, 2005. p. 43.

7.3.2. O prazo de duração das medidas

As medidas relacionadas no art. 112 serão sempre aplicadas segundo a gravidade da conduta experimentada pelo menor.

Evidentemente, e já dissemos aqui, o menor também será individualizado, seja por seus antecedentes, seja por sua personalidade.

Sendo assim, quando a autoridade judiciária for aplicar a pena ao menor pelo cometimento de uma infração, fará de modo indeterminado, ou seja, indicará a sanção relacionada no art. 112, sem fixar tempo para seu término, já que o que se pretende é a reabilitação do adolescente, que pode ser rápida ou não.

Porém, como deve ser observado o princípio da segurança jurídica em toda e qualquer relação de direito, e como as penas restritivas de liberdade do menor devem regrar-se pelo *princípio da brevidade*, a penalização não pode ultrapassar o prazo de 3 (três) anos, tampouco pode perdurar além dos 21 (vinte e um) anos de idade do adolescente (art. 121, §§ 3º e 5º, do ECA).

A recuperação deste pode abrandar a penalidade aplicada, bem como, o agravamento da sua conduta pode ensejar a aplicação de medidas mais ríspidas, com o consequente prolongamento de sua estada nas casas de internação (FEBEM, p. ex.):

> Art. 121. A internação constitui medida privativa da liberdade, sujeita aos *princípios de brevidade*, excepcionalidade e respeito à condição peculiar de pessoa em desenvolvimento.
>
> § 2º A medida não comporta prazo determinado, devendo sua manutenção ser reavaliada, *mediante decisão fundamentada, no máximo a cada seis meses*. (grifo nosso)

A finalidade de não se impor ao menor limitação de tempo para o cumprimento da "penalidade" visa justamente provocar uma maior atenção e cuidados para serem dispensados a ele, que deverá ser acompanhado por profissional designado pelo Juízo das Execuções Penais.

E nada impede que o menor seja acompanhado também pela família que, aliás, tem obrigação constitucional e moral de fazê-lo.

7.4. As medidas pertinentes aos pais ou responsáveis

De acordo com o art. 129 do Estatuto, em desfavor dos pais, e a favor da ressocialização dos menores com suas famílias e com a sociedade, poderão ser aplicadas as seguintes medidas:

> Art. 129. São medidas aplicáveis aos pais ou responsável:

I — encaminhamento a programa oficial ou comunitário de proteção à família;

II — inclusão em programa oficial ou comunitário de auxílio, orientação e tratamento a alcoólatras e toxicômanos;

III — encaminhamento a tratamento psicológico ou psiquiátrico;

IV — encaminhamento a cursos ou programas de orientação;

V — obrigação de matricular o filho ou pupilo e acompanhar sua frequência e aproveitamento escolar;

VI — obrigação de encaminhar a criança ou adolescente a tratamento especializado;

VII — advertência;

VIII — perda da guarda;

IX — destituição da tutela;

X — suspensão ou destituição do pátrio poder.

Parágrafo único. Na aplicação das medidas previstas nos incisos IX e X deste artigo, observar-se-á o disposto nos arts. 23 e 24.

E ainda:

Art. 130. Verificada a hipótese de maus-tratos, opressão ou abuso sexual impostos pelos pais ou responsável, a autoridade judiciária poderá determinar, como medida cautelar, o afastamento do agressor da moradia comum.

As garantias individuais constitucionais não são absolutas, mas, sim, relativas, como visto nos itens iniciais do presente trabalho, haja vista o fato de não se prestarem a fomentar ilegalidades e nem a albergar condutas afrontosas à ordem pública e ao sossego alheio, alforriando comportamentos antissociais.

Dessa forma, qualquer conduta que prejudique ou inviabilize o crescimento sadio e tranquilo do menor, a qual tenha sido praticada pelos pais ou por seus responsáveis, devem ser tratadas prontamente, e de maneira individualizada, devendo ser promovida a punição adequada e cabível ao caso.

Nesse aspecto, cabe ainda reiterarmos observações já feitas anteriormente. Da mesma forma que nas medidas socioeducativas, para as medidas aplicáveis aos pais ou aos responsáveis, serão observadas a capacidade da família ou de um de seus entes em cumpri-la, as circunstâncias sociais e psicológicas sobre as quais vive essa família e a gravidade da infração cometida.

O nosso ordenamento jurídico contempla a possibilidade de se tratar coercitivamente qualquer ente familiar, inclusive em regime de internação, isso, por dois motivos: ou porque estão atentando contra a vida do menor ou porque estão afetando a estrutura da instituição familiar propriamente dita.

Essa ofensa vai desde a perturbação da ordem familiar até as violências física e moral do menor que, crescendo desordenadamente, sem prioridades e educação atrelados aos valores e princípios esperados, tende a ser um infrator.

Como já foi estudado em capítulos anteriores, o dever dos pais ou responsáveis do menor é regrado pela Constituição Federal e confirmado pelo Código Civil e pelo Estatuto, incumbindo a eles o dever de sustento, guarda e educação dos filhos menores.

A escassez do poder aquisitivo não inibe o exercício pleno do poder familiar, tampouco é causa de sua suspensão ou desconstituição, uma vez que é dever do Estado promover a inclusão dessas famílias em programas oficiais de auxílio.

É verdade também que a prioridade sempre será de que os menores cresçam ao lado de seus familiares, isso desde que haja condições psicológicas para tal.

Essas atribuições e incumbências, se não cumpridas adequadamente, acabam por minar a convivência dos pais com os menores, podendo até chegar a ponto de destituir o poder familiar, medida —, dentre todas, de maior seriedade e de graves consequências se não conduzida corretamente.

CONCLUSÃO

1) Apurou-se durante a pesquisa do presente trabalho a necessidade de que a família cultive sentimentos de solidariedade, a fim de que se alcancem os seus verdadeiros valores, que nada mais são do que grupos que vivem, inicialmente, por eles mesmos, podendo-se socorrer do Estado quando todas as outras alternativas tenham sido esgotadas.

A relação interpessoal, como se viu no decorrer da leitura, faz surgir uma inter-relação pessoal fundada no amor familiar, que procede de uma atitude de generosidade, ato cuja arte deve-se aprender todos os dias.

Formar jovens e crianças para o amor significa engajá-los em uma sociedade limpa, em que os pais entrem na tarefa de educar e o Estado na de mantê-los íntegros, saudáveis, alfabetizados.

2) Aos menores, nos termos do art. 227 da Constituição Federal, há o asseguramento, ainda que implícito, de existir acobertado pelo princípio da dignidade da pessoa humana, de modo que se torne não apenas um direito oponível contra o Estado, mas também contra a sociedade em geral e a família (esta em primeiro lugar), sendo certo que todos esse devem garantir sua efetividade.

3) A primazia dos direitos atende-se primeiro à infância e à juventude para, depois, atentarmo-nos aos demais.

O Estado deve desempenhar suas funções solidariamente à família, zelando pela aplicação, pela efetivação e pelo resguardo de eventuais violações.

4) Aos filhos, que antes viviam à sombra de leis preconceituosas, foi, aos poucos, assegurado o direito de serem reconhecidos, a fim de que se recobrassem os valores de igualdade que deveriam ser atendidos e garantidos.

Na verdade, o que se pretendeu com as medidas legislativas foi ratificar o que dispunha à Constituição de 1988, que no art. 226, § 6º, garante *status* de igualdade aos filhos, sejam esses havidos ou não por meio do casamento ou adoção[1].

Com a promulgação da Lei n. 8.560/1992, que assegurou aos filhos o reconhecimento da filiação, mesmo que tardia, evitou-se a criação de transtornos ou traumas aos menores. Nesse diapasão, podemos crer que a Constituição de 1988 foi o diploma que equiparou os filhos desiguais pela natureza de sua concepção.

(1) OLIVEIRA, José Sebastião de. *Op. cit.*, p. 253.

5) Premente salientar que o Estado ainda não construiu bases sólidas para poder ter condições de suportar o encargo constitucional a que foi incumbido.

Enquanto na França temos o abono transitório às famílias monoparentais e o abono de sustento familiar às crianças órfãs ou que tenham pais sem condições de provê-las, no Brasil, nos vemos dependentes de eventuais grupos sociais independentes, como é o caso da mobilização social promovida anualmente pela UNICEF.

O Estado, que não tem podido efetivamente contribuir para complementar o sustento familiar, acaba vendo-se diante de uma situação muitíssimo complicada.

Uma alternativa viável seria a criação de políticas sociais voltadas à estabilização das famílias monoparentais, como por meio de sua inserção no mercado de trabalho.

À sociedade, de modo geral, não parece "justo" impor uma tabela de contribuição mensal aos filhos resultantes de famílias monoparentais, para aquelas órfãs ou de pais que deveriam prestar auxílio alimentar, mas não o fazem. Isso, evidentemente, decorre das diferentes necessidades de cada família, originadas da desigualdade social instalada em nosso país.

O Poder Judiciário ficaria rendido a ditar desigualdades, ignorar princípios constitucionais supremos. A sociedade, rendida a instar-se no cumprimento de ditames irregulares e ilegais.

Isso, evidentemente, acabaria culminando em problemas quando da definição do direito de guarda, pois os pais, já abalados e vivendo em contexto de hostilidade, fulminariam de vez qualquer possibilidade de criação amigável de seus filhos.

A alternativa, que parece viável, seria atribuir mais poderes aos Conselhos Tutelares para que, na medida da desavença, pudessem administrativamente dirimir os conflitos, até mesmo com relação à prestação de alimentos. Descumprido o acordo, aí sim, tocaria ao Judiciário a resolução com os meios que já lhe são próprios.

E não é nenhum absurdo imaginarmos tal situação. Se aos conselhos tutelares é admitida a interferência em prol do menor, porque não com relação à sua subsistência?

6) Concluiu-se que a escola, paralelamente aos pais, traça as primeiras lições morais, aplicando-as no dia a dia dos alunos, atreladas aos valores e às regras para convivência em família e sociedade, estabelecimento de hierarquia entre os valores adotados, deixando que a consciência de cada uma das crianças escolha o menor caminho a seguir.

Toca-se em valores de imprescindível garantia da criação de juízo de respeito e cidadania. Essas duas ideias concatenadas acabam por fluir em ideias democráticas a serem estabelecidas pelos jovens como visão crítica de suas vidas, suas metas, seus sentimentos, seus interesses e suas experiências, com o objetivo de descobrir quais são seus valores.

7) Sem qualquer dúvida, os fundamentos da família sofreram grande influência de fatores históricos, sociais, econômicos e jurídicos, de maneira que as obrigações refletiram e atribuíram valores fundamentais à construção da família e de sua base.

Outro fator que deve ser sopesado é o fato da admissão, na legislação atual, das outras formas de família (monoparentais e união estável), que não a constituída pelo casamento. Isso impede que as crianças e os adolescentes nascidos dessas duas outras formas sintam-se socialmente diferentes daqueles advindos da relação matrimonial.

8) A afetividade é o princípio jurídico que peculiariza, no âmbito da família, o princípio da solidariedade.

O dever de manter os menores saciados de seus direitos foi incumbência destinada à *família, ao Estado e à sociedade*.

Dessa forma, integrá-las ao convívio em família é uma solução que deve ser analisada sob dois pontos importantes: devemos avaliar as situações que impossibilitam de fato a convivência familiar e, sobremaneira, *privilegiarmos o interesse do menor ao integrá-lo em uma família substituta*, sob pena de estarmos transgredindo seus direitos e suas garantias fundamentais preconizados na Carta Vigente.

A recusa em conceder a guarda e educação à família substituta pode ser combatida para evitar a negação ao dispositivo constitucional que assegura ao menor um lar e convivência familiar, assim como, cercear a prática de sua dignidade.

9) No caso do direito de visitas do menor, temos outras importantes conclusões. Os pais, tendo em vista as obrigações que lhe foram estabelecidas pela Nova Lei Civil, pelo ECA e pela Constituição Federal, acabam por criar o poder-dever àqueles que não têm a guarda, uma vez que devem manter os filhos integrados à base familiar, proporcionando o direito de convivência e intactos os laços de afetividade, que são recíprocos.

Aos avós, esse direito é subjetivo, pois deriva das relações familiares entre pais e filhos. Na verdade, tem muito mais a ver com ética e moral, pois essa forma de visitação é faculdade, e não dever, tendo advindo da concepção do que seja família e dos valores firmados por esta.

10) Nos processos em que se procura resolver a situação jurídica do menor, o juiz desempenha papel de fundamental relevância, devendo, sempre, zelar pela prudência e pela diligência na sua condução.

Ainda, veja-se que ficou demonstrado que qualquer investigação realizada sobre a família e o menor deveria contar com a transcrição *in totum* de como foram prestadas pelas partes ou terceiros e, após, em documento apartado, colacionado o parecer do profissional designado para tal, evitando-se, assim, a imparcialidade de quem faz a oitiva.

11) Por fim, que o menor tenha o efetivo direito de ser ouvido. O princípio da *verdade real*, que não pode ser considerado absoluto, possibilita ao magistrado que ele chegue o mais próximo possível da realidade que cerca o menor. Isso é fundamento suficiente para que, no trâmite do processo, seja faculdade objetiva do Juiz a sua convocação para que apure suas versões sobre os fatos. Em processo civil, área do Direito subsidiária e em quem se socorre o Direito de Família, essa providência é perfeitamente possível.

Isso, justificadamente, se posiciona como correto, dada a necessidade de que ao conhecimento do Juiz sejam trazidas sólidas e fundadas informações que, angariadas das mais variadas formas, podem ser sopesadas em conjunto para apurar a providência a ser tomada, já que os direitos sobre menores são indisponíveis e fundamentais.

12) Qualquer conduta que prejudique ou inviabilize o crescimento sadio e tranquilo do menor, e que tenha sido praticada pelos pais ou por seus responsáveis, deve ser tratada prontamente, e de maneira individualizada, devendo ser promovida a punição adequada e cabível ao caso. São as medidas protetivas e punitivas que o Estado delineou para evitar danos aos menores.

As medidas aplicáveis aos pais ou aos responsáveis serão observadas segundo a capacidade da família ou de um de seus entes em cumpri-la, dadas as circunstâncias sociais e psicológicas nas quais vive essa família e a gravidade da infração cometida.

O nosso ordenamento jurídico contempla a possibilidade de se tratar coercitivamente qualquer ente familiar, inclusive em regime de internação, isso, por dois motivos: ou porque estão atentando contra a vida do menor ou porque estão afetando a estrutura da instituição familiar propriamente dita. Essas atribuições e incumbências, se não cumpridas correta e adequadamente, acabam por minar a convivência dos pais com os menores, podendo até chegar a ponto de destituir o poder familiar, medida — dentre todas —, de maior seriedade e de graves consequências se não conduzida corretamente, justamente o que se busca evitar.

REFERÊNCIAS

AZEVEDO, Álvaro Villaça de. *Comentários ao Código Civil*. São Paulo: Saraiva, 2003. v.19.

BARROS, Fernanda Otoni de. *Do direito ao pai*. 2 ed. Belo Horizonte: Del Rey, 2005.

BASTOS, Celso Ribeiro. *Curso de direito constitucional*. São Paulo: Saraiva, 1998.

BEDAQUE, José Roberto dos Santos. Código de processo civil interpretado. In: MARCATO, Antonio Carlos (Coord.). *Código de processo civil interpretado*. São Paulo: Atlas, 2004.

BORGES, Lisieux Nidimar Dias. Belo Horizonte, dez. 2002. 60f. *Da paternidade plural no direito brasileiro* (Monografia) — PUC-Minas.

CAMILLO, Carlos Eduardo Nicoletti (Coords.) *et. al. Comentários ao Código Civil artigo por artigo*. São Paulo: RT, 2006.

CAPEZ, Fernando. *Curso de processo penal*. 13. ed. rev. atual. São Paulo: Saraiva, 2006.

COSTA, Dionísio Leite da. Reflexões sobre o Estatuto da Criança e do Adolescente – ECA *Revista Direito e Paz*, São Paulo, n. 2. 2000.

CURY, Munir; GARRIDO, Paulo Afonso; MARÇURA, Jurandir Norberto. Estatuto da Criança e do Adolescente anotado. 3. ed. rev. e atual. São Paulo. *Revista dos Tribunais*, 2002.

DELINSKI, Julie Cristine. *O novo direito de filiação*. São Paulo: Dialética, 1997.

DINIZ, Maria Helena. *Curso de Direito Civil brasileiro*. v.5: direito de família. 20. ed. rev. e atual. de acordo com o Novo Código Civil. São Paulo: Saraiva, 2005.

ELIAS, Roberto João. *Comentários ao Estatuto da Criança e do Adolescente*. 2. ed. São Paulo: Saraiva, 2004.

FACHIN, Luiz Edson. A nova filiação: crise e superação do estabelecimento da paternidade. In: PEREIRA, Rodrigo da Cunha (Coord.). *Repensando o Direito de Família*: Anais do I Congresso Brasileiro de Direito de Família. Belo Horizonte: IBDFAM/Del Rey, 1999.

FERREIRA, Pinto. *Comentários à constituição brasileira*. São Paulo: Saraiva, 1989--1994. v. 7.

FIGUEIRÊDO, Luiz Carlos de Barros. *Guarda*: estatuto da criança e do adolescente, questões controvertidas. Curitiba: Juruá, 1999.

FIUZA, César Augusto de Castro. Mudanças de paradigmas: do tradicional ao contemporâneo. In: PEREIRA, Rodrigo da Cunha (Coord.). *A família na travessia do milênio*: anais do II congresso brasileiro de direito de família. Belo Horizonte: Del Rey, 2000.

GAMA, Guilherme Calmon Nogueira da. Filiação e reprodução assistida: introdução ao tema sob a perspectiva civil-constitucional. In: TEPEDINO, Gustavo (Coord.). *Problemas de direito civil-constitucional*. Rio de Janeiro: Renova, 2000.

GONÇALVES, Carlos Roberto. *Direito civil brasileiro*. São Paulo: Saraiva, 2005. v. VI.

KANT, Immanuel. *Fundamentação da metafísica dos costumes*. Tradução: Paulo Quintela. Lisboa: 70, 1986.

KONZEN, Afonso Armando. *Penitência socioeducativa*. Porto Alegre: Livraria do Advogado, 2005.

LEITE, Eduardo de Oliveira. *Famílias monoparentais*: a situação jurídica de pais e mães separados e dos filhos na ruptura da vida conjugal. 2. ed. revista, atualizada e ampliada. São Paulo: Revista dos Tribunais, 2003.

LENZA, Pedro. *Direito constitucional esquematizado*. 10. ed. rev. atual. e ampl. São Paulo: Método, 2006.

LIBERATI, Wilson Donizeti; CYRINO, Públio Caio Bessa. *Conselhos e fundos no Estatuto da Criança e do Adolescente*. São Paulo: Malheiros Editores, 1997.

________. *Adolescente e ato infracional*. São Paulo: Juarez de Oliveira, 2002.

LIRA, Ricardo César Pereira. Breve estudo sobre as entidades familiares. In: PEREIRA, Rodrigo da Cunha (Coord.). *Repensando o direito de família*: anais do I congresso brasileiro de direito de família. Belo Horizonte: IBDFAM/Del Rey, 1999.

LÔBO, Paulo Luiz Netto. Princípio jurídico da afetividade na filiação. *Jus Navigandi*, Teresina, a. 4, n. 41, mai/2000. Disponível em: <http://jus2.uol.com.br/doutrina/texto.asp?id=527>.

MAYRINK, José Maria. *Filhos do divórcio*. São Paulo: EMW, 1984.

MAZZILLI, Hugo Nigro. *Tutela dos interesses difusos e coletivos*. São Paulo: Paloma, 2002.

________. *A Defesa dos Interesses difusos em juízo*. 18. ed. rev. ampl. e atual. São Paulo: Saraiva, 2005.

MEIRELLES, Jussara Maria Leal de. Filhos da reprodução assistida. In: PEREIRA, Rodrigo da Cunha (Coord.). *Família e cidadania*: o novo CCB e a vacatio legis. Belo Horizonte: IBDFAM/Del Rey, 2002.

MOMBERGER, Noemi Friske. *A publicidade dirigida às crianças e adolescentes*. Porto Alegre: Memória Juridica, 2002.

MONTEIRO, Washington de Barros. *Curso de direito civil*: direito de família. 19. ed. São Paulo: Saraiva, 1980.

MORAES, Alexandre de. *Direitos humanos fundamentais*. 3. ed. São Paulo: Atlas, 2000.

NUNES, Luiz Antonio Rizzatto. *O princípio da dignidade da pessoa humana*: doutrina e jurisprudência. São Paulo: Saraiva, 2002.

OLIVEIRA, Euclides de. Parentalidade: Os operadores do direito frente às questões da parentalidade. *Revista Brasileira de direito de família*, Porto Alegre: Síntese, IBDFAM, v.5, n. 20, out/nov., 2003.

OLIVEIRA, José Sebastião de. *Fundamentos constitucionais do direito de família*. São Paulo: RT, 2002.

PALMA, Rúbia. *Famílias monoparentais*. Rio de Janeiro: Forense, 2001.

PAULA, Paulo Afonso Garrido de. *Direito da Criança e do Adolescente e Tutela Jurisdicional Diferenciada*. São Paulo: RT, 2002.

PELUSO, Antonio Cezar. O menor na separação. In: *Repertório de jurisprudência e doutrina sobre direito de família*: aspectos constitucionais, civis e processuais. São Paulo: RT, 1993. v.1.

QUINTÁS, Alfonso López. *Descobrir a grandeza da vida*. Introdução à pedagogia do Encontro. Tradução: Gabriel Perissé. São Paulo: ESDC, 2005.

RABELO, Iglesias Fernanda de Azevedo. Desagregação familiar e delinquência infanto-juvenil: uma reflexão acerca das implicações da ausência paterna no comportamento dos filhos menores. *Jus Navigandi*, Teresina, ano 11, n. 1325, 16 fev. 2007.

ROLLIN, Cristiane Flores Soares. *Tendências constitucionais no direito de família*: estudos em homenagem do professor José Carlos Teixeira Giorgis. Porto Alegre: Livraria do advogado, 2003.

SCHREIBER, Elisabeth. Os direitos fundamentais da criança e a violência intrafamiliar. Porto Alegre: Ricardo Lenz, 2001.

SEGUNDO, Rinaldo. Notas sobre o direito da criança. *Jus Navigandi*, Teresina, a.7, n. 61, jan. 2003. Disponível em: <http://jus2.uol.com.br/doutrina/texto.asp?id=3626>.

SILVA, Marcos Alves da. *Do pátrio poder à autoridade parental*: repensando fundamentos jurídicos da relação entre pais e filhos. Rio de Janeiro: Renovar, 2002.

SILVA, Odacy de Brito. *Filhos da justiça*. São Paulo: Direito, 2000.

SMANIO, Gianpaolo Poggio. *Interesses difusos e coletivos*. 3. ed. São Paulo: Atlas, 1999.

SOARES, Sônia Barroso Brandão. Famílias monoparentais: aspectos polêmicos. In: TEPEDINO, Gustavo (Coord.). *Problemas de direito civilconstitucional*. Rio de Janeiro: Renova, 2000.

SOLER, Sebastian. *Derecho penal argentino*. Buenos Aires: Argentina, 1970. v.2.

SPAGNOLO, Juliano. *Tendências constitucionais no Direito de Família*. Estudos em homenagem do professor José Carlos Teixeira Giorgis. Porto Alegre: Livraria do Advogado, 2003.

TALAVERA, Glauber Moreno. O novo perfil da sociedade conjugal contemporânea. In: VIANA, Rui Geraldo Camargo; NERY, Rosa Maria de Andrade (Org.). *Temas atuais de direito civil na Constituição Federal*. São Paulo: Revista dos Tribunais, 2000.

TAVARES, José de Farias.*Comentários ao estatuto da criança e do adolescente*. Rio de Janeiro: Forense.

________. Novo Código Civil e família informal. *Revista brasileira de direito de família*, Porto Alegre, Síntese, IBDFAM, v.5, n. 19, ago/set., 2003.

VALENTE, José Jacob. *Estatuto da Criança e do Adolescente*: apuração do ato infracional à luz da jurisprudência: Lei Federal 8.069, de 13.07.1990. São Paulo: Atlas, 2002.

VENOSA, Silvio de Salvo. *Direito civil*: direito de família. 5. ed. São Paulo: Atlas, 2005.

VIANNA, Guaraci. *Direito Infantojuvenil*: teoria, prática e aspectos multidisciplinares: Rio de Janeiro: Freitas Bastos, 2004.

VILLELA, J. B. Desbiologização da Paternidade. Revista da Faculdade de Direito. Universidade Federal de Minas Gerais.1979.

________. Direito, coerção & responsabilidade: por uma ordem social não violenta. Movimento Editorial da Revista da Faculdade de Direito da UFMG. (V. IV, Série Monografias, n. 3. Belo Horizonte: UFMG, 1982.)

WALD, Arnold. *Curso de direito civil brasileiro*: o novo direito de família. 12. ed. revista e atualizada. São Paulo: RT, 1999.

WARDLE, Lynn D. Questões de família: a importância da estrutura familiar e da integridade familiar. In: PEREIRA, Rodrigo da Cunha (Coord.). *Família e cidadania*: o novo CCB e a *vacatio legis*. Tradução: Gisele Groeninga. Belo Horizonte: IBDFAM/ Del Rey, 2002. (Ano XXVII, n. 21, 1979. Faculdade de Direito da Universidade Federal de Minas Gerais. Belo Horizonte.)